コピーライター
じゃなくても
知っておきたい

心をつかむ超言葉術

阿部広太郎

ダイヤモンド社

コピーライターじゃなくても知っておきたい

心をつかむ超言葉術

はじめに

「I LOVE YOU」の訳し方

今のあなたなら何と訳しますか?

「月が綺麗ですね」とでも訳しておけ。

英語の教師をしていた夏目漱石。

「I LOVE YOU」を「我君を愛す」と訳した教え子に対して、そう言ったとされる都市伝説がある。

僕はこの話が大好きだ。

コピーライター養成講座はもちろん、全国各地の学校で、コピーの書き方の講義をする時に、「今のあなたなら何と訳しますか?」とお題を出す。

すると、さっきまで言葉を考えるなんて僕には関係ない、コピーを書くなんて私には自信がないという顔をしていた人も、どうしようと言いつつ、目に力を持って、いきいきと考えはじめるのだ。

愛と無関係な人はいない。

恋愛だけではない。親子愛も夫婦愛もあるだろうし、友情にだって愛はあるだろう。これまでに愛を感じた経験、映画やドラマで見聞きしたエピソード、あなたの中にきっとある。

特別な技術が必要なわけではない。まずは、その愛を感じた何かを思い出して、10分で、A4の白紙に1本書いてみようと伝えている。

それでも中には手が止まってしまう人がいる。

僕は机をまわりながら、一人ひとりの書く背中を押したくて声を掛ける。

照れなくていい。恥ずかしがらなくていい。最初からうまく書ける人なんていない。

まずは何かを書くことではじまるんです、と。


その言葉は全部、かつての自分が言ってほしかったことだ。

駆け出しの頃、僕はこんな訳し方をした。

「あ、消しゴム落ちたよ」


こんな情景を思い浮かべていた。

学校の教室。隣の席に気になる子がいる。気軽に話し掛けられるほど僕は積極的でもない。その子の動きをちらちらと目で追い掛けてしまうし、少しでも異変があればすぐに気づく。

愛とは「あ、」だ。

気づくことではないか。

消しゴムが落ちたら、いち早く拾う、そしてすぐその子に渡す。その情景を思い浮かべて、慣れないながらもそう訳したことを今でもよく覚えている。


今のあなたなら何と訳すだろうか？

「I LOVE YOU」の訳し方には、その人の「らしさ」がにじみ出る。

これまで僕はこんな訳し方をする人に出会ってきた。


「半分こにしようか」

「卒業したから、生徒じゃないです」

「全部あなたに出会うためだったんだ」

「今、会えない？」

「あなたのこと、もっと知りたいんですけど」

「小さいころよく遊んでいた場所、見てみたい」


そこには情景や、温かい気持ち、浮かび上がってくる思いがある。

「愛する」とあえて書かずに伝えることで、キャッチフレーズという言葉通り、僕たちの心はどうしようもなくつかまれてしまう。

書かずに伝えること。

一見矛盾しているようにも感じるこのことこそ、心をつかむ言葉の秘密なのではないか。僕は決して大袈裟ではなくそう思っている。

「I LOVE YOU」。
「I」私とは何か？　つまり、自分を知るということ。
「LOVE」愛とは何か？　つまり、人と人との関係を考えること。
「YOU」あなたとは何か？　つまり、自分から見た相手を知るということ。

訳し方のお題に留まらず、言葉とともに生きていく限り、言葉をあつかうすべての仕事の根幹は「I LOVE YOU」にあると僕は思う。

2015年から、コピーライター養成講座「先輩コース」の講師に加え、テレビ、音楽、映画、編集、お笑いなど、あらゆる業界の最前線で活躍するゲスト講師の方をお招きし、企画する力を育む連続講座「企画でメシを食っていく（通称：企画メシ）」を横浜みなとみらいのBUKATSUDOではじめた。

その中で僕自身が「言葉の企画」と題して行ってきた講義、そして2018年からは「言葉の企画」のみの連続講座も立ち上げ、延べ400人近くの参加者と向き合い、確信したことがある。

それは、コピーライターじゃなくても、この本に綴る「言葉術」を知ることで、人生は大きく変わっていくということだ。

自己紹介の仕方から、言葉の正体を知ること、言葉を企画する方法、感動を贈る大切さ、名付けの力、SNSでの発信方法、企画書の書き方と贈り方まで。

「伝える」と「伝わる」の境界で、僕が10年以上の月日をかけてあがきもがいてつかんできた、そのすべてをここに記したい。

僕自身の恥ずかしい過去の事例も含めて、正直に書いていく。

書くこと、話すこと、歌うことなど、伝える仕事をしているあなたへ。

言葉のせいで逃げ出したくなるほどつらいことがあったり、一方で、言葉のおかげで泣きたくなるほど幸せを噛みしめたりしたことがあるあなたへ。

お笑い、音楽、映画などのエンタメが好きで、創作する仕事に興味はあるし、本当はそういう感動をつくる仕事をしてみたいけど、それは特別な人がするもので、自分には無縁の世界だと思い込んでいたかつての僕みたいなあなたへ。

断言する。心をつかむ言葉はつくることができる。

さあ、今ここからはじめよう。

目次

第３章　言葉に矢印を込めよう

第4章 感動屋になろう

第1章

自己紹介をしてみよう

まずは挨拶から

はじめまして、コピーライターの阿部広太郎と申します。

たとえば今ここが、名刺交換の場だとする。

ちなみに僕は名字だけではなく、フルネームで名乗るようにしている。

覚えてもらいたくて、あえてそうしている。

席に座る。打合せに入る前に雑談がはじまる。

「いい体格してますね」そう言われたら、学生時代はアメリカンフットボールをしていたから、と応えるだろう。「おお、やっぱり」なんて言われて、もしも相手が関心を持っている表情をしていたら、いや実は、中学生の時、放課後に居場所がないくらいに一人ぼっちで、そんな自分を変えたかったからはじめたんですよね、なんて話すだろうか。

一通りのラリーを済ませて、話は本題に入り、そして打合せは終わる。

よし、今日はいい感じに伝えられたぞ、僕は手応えを感じる。

しかしながら、相手が僕の話を覚えているかどうかはわからない。

その打合せが終わった後、僕の印象なんて、怒涛《どとう》のごとく押し寄せる情報の彼方《かなた》に消えてしまうかもしれない。

かもしれない、というより、多分そうなのだ。

僕自身もそうだ。

一日にたくさんの人とすれ違い、何人もの人と打合せをして、夜寝る前にどれだけのことを覚えているだろう。

あなたはどうだろう？

今がもし夜なら、今日の印象的だった出来事は何だろうか？

今がもし朝なら、昨日の出来事で、何を覚えているだろうか？

「伝えた」としても「伝わる」とは限らない

言葉の力を育む連続講座「言葉の企画」の初回、こんな課題を出している。

「あなたの自己紹介を伝わるように1枚にまとめてください」

「伝わりました総選挙を行います」

まず、自分の自己紹介をつくる。それだけで終わりにしない。70名ほどいる他の参加者の自己紹介にすべて目を通して、伝わったと思う自己紹介を、3つ選んで投票してもらうのだ。

想像してほしい。70名もの自己紹介に目を通すことを。

すべてに目を通すだけでも、相当な時間がかかる。1枚を1分で見るとしても1時間をゆうに超える。

しかも、初対面の人たちだ。

会ったことのない、知らない人たちの自己紹介を眺め続ける、ひたすらに。

さらに頭を悩ませるのは「3つ選ぼう」ということだ。

選ぶとなると自分の中に判断する「ものさし」がないといけない。

負荷は大きい。途中から投げ出したくなる人もいる課題だ。

まず大前提として踏まえておきたい。

「伝えた」からといって「伝わる」とは限らない。

基本的に人間はめんどくさがりの動物だ。おもしろいことは大好きだけど、つまらないものは大嫌い。あなたもスマホを見ていて、コンテンツを淡々とドライに、次々とスワイプして見ていかないだろうか?

人間の根源的な気持ちをくぐり抜けて、心をつかむことを目指さないといけない。

あなたなら自己紹介をどう1枚にまとめるだろう？

1枚にまとめるのだから、顔写真を載せて、生年月日と職業と趣味を書いておこうかな。もしかしたら、こんな風に考える人もいるかもしれない。

ただ、それでは自己紹介というより、情報を羅列した履歴書だ。

大量の自己紹介が並ぶ中で、かなりの高い確率で埋もれてしまう。

もちろん、あなたが菅田将暉《すだまさき》さんや、石原さとみさんなら話は別だ。読んでしまっていいのだろうかと思いながらも知りたくて食い入るように見るだろう。

自分も相手を知らない。相手も自分を知らない。そんな時こそ、自己紹介をする相手に「こう受け取ってほしいな」とか、「こう思ってもらいたいな」という企てを持たなければいけない。

それが、伝わる自己紹介の第一歩だ。

「マイ定義」を持とう

では、どうしたら伝わるのだろう？

考えはじめるその前に「伝わる」って何だろう？

自分なりの定義、「マイ定義」を考えたい。

「大事なことなので2回言いました」というフレーズがあるが、この本では「定義しよう」と再三再四繰り返す。さまざまな捉え方ができる言葉でも、マイ定義を持つことで輪郭がはっきりする。向かうべき先を定めることができる。

ゴールがわからないままひたすら走っても、永遠にゴールできないように、「伝わる」に対する定義を持たなければ、「伝わる」なんてありえない。

きっと伝わったら、相手はどんなリアクションをするだろうと想像する。

いわゆる「ゴールイメージ」と呼ばれるものを、あれこれと思い浮かべながら、

「伝わる」とは何かを定めていきたい。

「伝わる」とは「思い出せる」

僕のゴールイメージはこうだ。

たとえば、みんなで自己紹介をした日の帰り道、「あの人は、◯◯の人だったなあ」と思い出せる。

たとえば、何か困りごとがある時、「そうだ、あの人ならきっと△△を知っているはずだ」と思い出せる。

「伝わる」とは、受け取った相手が頭の中で「思い出せる」ことを言うのではないだろうか。思い出してもらうためには、当然ながら覚えてもらう必要がある。

たくさんある自分の情報の中で、自分が届けたいものは何か？

言い換えれば、「自分の何を相手に覚えてもらいたいのか」を決めよう。

この自己紹介を1枚にまとめる課題を出すと、ほとんどの人が隙間を埋めるように、盛りだくさんに書いてしまう。それは、いわば「保険掛けすぎ」状態。

参加者の自己紹介を見ていこう。次のページは丸橋俊介さんの自己紹介。

自分はこれを人に伝えたいんだ、その気持ちがあふれるようにあるのは素晴らしい。けれど、ありすぎるがゆえに伝わらないのはもったいない。

あれもこれもと足し算するように伝えると、「書かないと不安なのかな」と見る相手も本能的に感じとる。自分の特徴を洗い出して、足して、足して、足して、勇気を持って思い切り引き算する。

・「おもしろいことの真ん中にいたい！（ならば自分が企画しよう！）」

・「この指止まれ！」の大号令

気になるキーワードは自己紹介の中にしっかりある。

書けるなら書けるだけ書きたい、その気持ちを自覚しつつも、「これでいく！」と

【59丸橋俊介】自己紹介の企画

(自己中なもので…)

「おもしろいことの真ん中にいたい！（ならば自分が企画しよう！）」

という想いで、楽しいことをたくさん企画・経験させていただいています。

とりあえずなんか愉快そうなやつ、と思ってもらえればうれしいです！

学生時代…サンバのパレード（浅草サンバカーニバル）

現在…先輩メシ主宰、早稲田大学稲門会会長、熱海広告祭実行委員、一口馬主、屋台、企画で麺を食っていく、企画メシ２期生、etc..

名前：丸橋俊介
(FB:Shunsuke MARUBASHI)
年齢：28歳(1991/1/13)
好きなもの：映画、競馬、野球、名探偵コナン
仕事：ビジネスプロデューサー@博報堂

わたしにとって企画とは…「この指止まれ！」の大号令
こういうのどうだろう？と仲間に呼びかけ、それを目にした、耳にした瞬間から、心が踊るかどうか。
そして、丸橋と一緒にいたら、おもしろいことや楽しいことが待っていそうと、
思ってもらえるような気持ちにスイッチできるか、そんなことを常に考えつつ、
わくわくしながら企画をしています。「よし、その企画（話）、乗った！！」と言われればうれしいな。
いろいろなことに対して何事にも「FROM丸橋」でありたいなと思っています。
改めまして、言葉の企画、よろしくお願いいたします。

覚悟を決めて選ぶことが大切になる。

選ばないと、選んでもらえないのだ。


70名の自己紹介を見る中で、この人の自己紹介は後からでも思い出せるなと僕が強く思った人たちがいる。

3名の自己紹介の中にあった企てをここに紹介したい。

① 文脈を引用する

最初に、鈴木勇輔さんの自己紹介。

これは文脈を引用する自己紹介だ。

「台本形式」という文脈を用意することで、

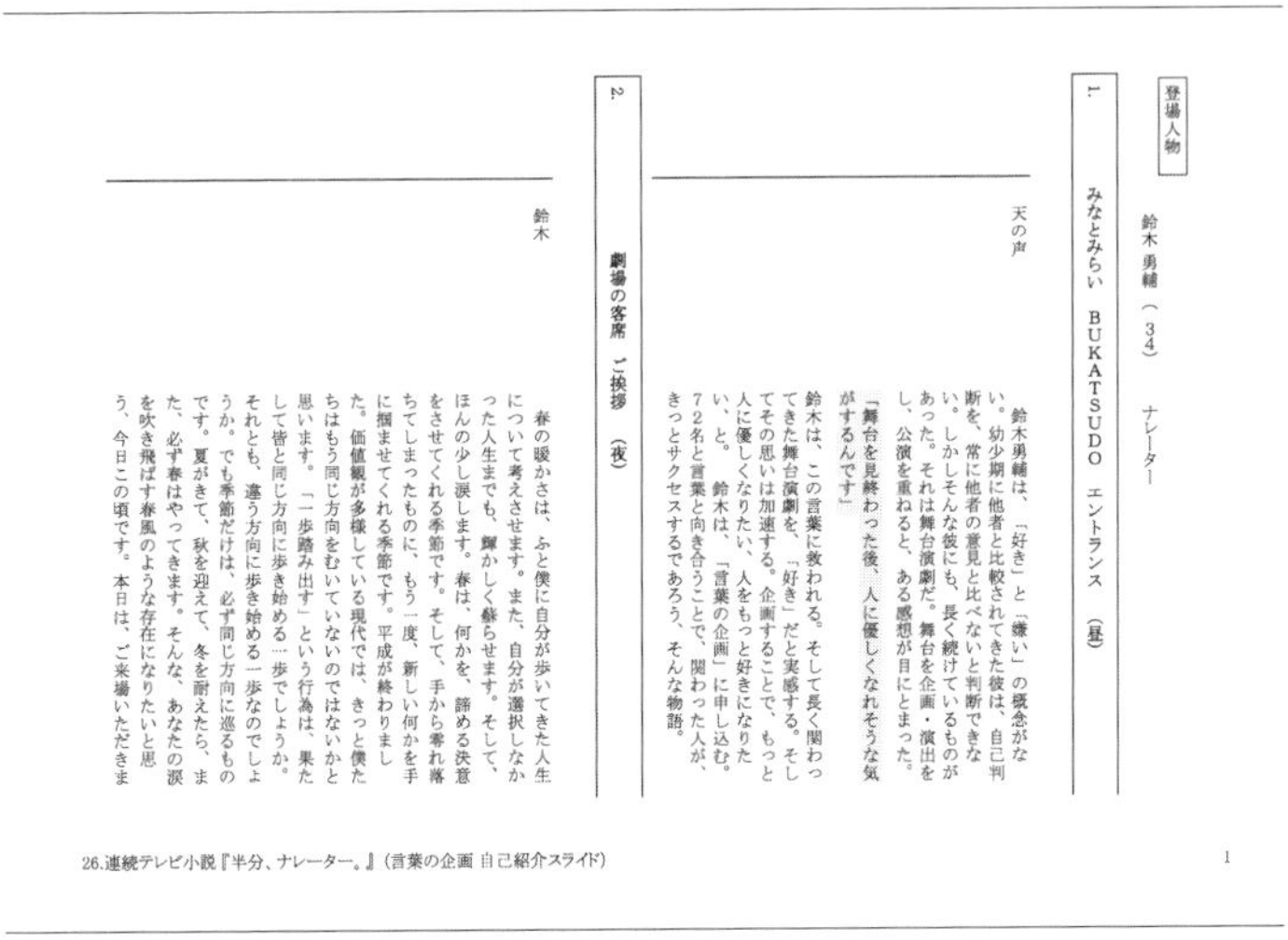
登場人物
鈴木 勇輔（34） ナレーター
1. みなとみらい BUKATSUDO エントランス （昼）
天の声
鈴木勇輔は、「好き」と「嫌い」の概念がない。幼少期に他者と比較されてきた彼は、自己判断を、常に他者の意見と比べないと判断できない。しかしそんな彼にも、長く続けているものがあった。それは舞台演劇だ。舞台を企画・演出をし、公演を重ねると、ある感想が目にとまった。
「舞台を見終わった後、人に優しくなれそうな気がするんです」
鈴木は、この言葉に救われる。そして長く関わってきた舞台演劇を、「好き」だと実感する。そしてその思いは加速する。企画することで、もっと人に優しくなりたい、人をもっと好きになりたい、と。 鈴木は、「言葉の企画」に申し込む。72名と言葉と向き合うことで、関わった人が、きっとサクセスするであろう、そんな物語。
2. 劇場の客席 ご挨拶 （夜）
鈴木
春の暖かさは、ふと僕に自分が歩いてきた人生について考えさせます。また、自分が選択しなかった人生までも、鮮かしく蘇らせます。そして、ほんの少し涙します。春は、何かを、諦める決意をさせてくれる季節です。そして、手から零れ落ちてしまったものに、もう一度、新しい何かを手に掴ませてくれる季節です。平成が終わりました。価値観が多様している現代では、きっと僕たちはもう同じ方向をむいていないのではないかと思います。「一歩踏み出す」という行為は、果たして皆と同じ方向に歩き始める一歩でしょうか。それとも、違う方向に歩き始める一歩なのでしょうか。でも季節だけは、必ず同じ方向に巡るものです。夏がきて、秋を迎えて、冬を耐えたら、また、必ず春はやってきます。そんな、あなたの涙を吹き飛ばす春風のような存在になりたいと思う、今日この頃です。本日は、ご来場いただきま
26.連続テレビ小説『半分、ナレーター。』（言葉の企画 自己紹介スライド）
1

文章量はしっかりあるが、そこに何が書かれているのか気になってしまい、するすると気持ちよく最後まで読んでしまう。形式の勝利。ワードにただ流し込んで提出するだけではこの引力は生まれない。

伝えたい内容として、鈴木さんがナレーターであること。伝え方として、台本形式であることが心地よく共鳴して、心をつかまれる。

鈴木さんにとっては、むしろ台本形式は見慣れたものなのかもしれない。

けれども、見る方は珍しくて新鮮だ。客観的に自分を見つめることができているのだろう、と感じた。

自分の当たり前の中に意外な突破口があるかもしれない。
あなたならどんな形式にあなたの話を載せたいだろうか？

②思い切り引き算する

次は、小田周介さんの自己紹介。
潔い。伝えたい内容をカメラマンであることに絞っている。
１枚の写真に、短いメッセージ。シンプルな自己紹介。情報を引き算して選び抜く。
堂々とした表情も相まってインパクトがある。
カメラマンである自分に誇りを持っている、そんな人となりが伝わってくる。
帰り道、「カメラマンの人いたよね」となると想像がつく。
右下に検索ボタンがあるのもポイント。気になる、もっと知りたいとなった時には、
この誘導が効いていて思わず検索してしまう。

企画は「カメラ」だ。
何を撮るか。どう撮るか。
小田周介
検索

③ あえて足し算で勝負する

最後に前田香織さんの自己紹介。引き算とは真逆の考え方で、とにかく情報が盛りだくさん。ぎゅうぎゅうに詰め込んでいる。思い切り足し算することに振り切った自己紹介だ。

選ばないことを、あえて選んでいる。

ここまで振り切るならば、自分の頭の中にある情報を書き尽くすのも、一つの手だ。第一印象から異質で力強い。葛藤がある。心の中に思いが渦巻き、もがいている感じがこの1枚からひりひりと伝わり、結果的に強く印象に残る。

圧倒的だった。こういう伝え方もあるのかと、僕の心は射抜かれた。

短く強い言葉を

情報の伝え方一つで、印象に残るかどうかが大きく左右される。

そのためにいつも意識しているのは「Less is more」という考え方だ。20世紀近代建築の巨匠、ミース・ファン・デル・ローエが提唱した考え方で、「少ない方が豊かである」ということを意味する。

言葉についても僕は同じだと思う。人が口ずさみ、諳《そら》んじることのできる言葉はどれも短い。人が覚えられて、多くの人に広めていくという視点では、短く強い言葉が求められる。

毎年、年末に発表される新語・流行語大賞を見てみよう。
2019年は…

ONE TEAM
計画運休
タピる
○○ペイ
令和

ワンフレーズが並ぶ。一番の長さは、ノミネートされたこのコピーだった。

「4年に一度じゃない。一生に一度だ。」

ラグビーワールドカップ2019日本大会の公式キャッチフレーズだ。ラグビーが大きく盛り上がったことはもちろん、切れ味よく、そして人に言いたくなるコピーであったことが流行した一因だと思う。

短く強く、そして長くする時はそこに狙いを持ちたい。

良い広告と悪い広告

アップルの共同設立者の一人であるスティーブ・ジョブズと、クリエーティブディレクターを務めたリー・クロウの逸話を、「Think Simple アップルを生みだす熱狂的哲学」（NHK出版）から引用する。iMac の30秒CMに、4つか5つのメッセージを盛り込むことをスティーブ・ジョブズが望んだ時の逸話だ。

リーはメモ帳から5枚の紙をちぎると、1枚ずつ丸めはじめた。

すべてを丸め終えると彼のパフォーマンスがはじまった。
「スティーブ、キャッチしてくれ」と言って、
紙の玉を一つテーブル越しに投げた。
スティーブは難なくキャッチして、投げ返した。
「これが良い広告だ」。リーが言った。
「またキャッチしてくれ」と言って、
紙の玉5つすべてをスティーブの方に投げた。
スティーブは一つもキャッチできず、紙の玉はテーブルや床に落ちた。
「これが悪い広告だよ」

この逸話にあるように、まず受け取ってもらわねば話にならない。
いざ、お金を出して広告をするとなったら、あれもこれもと言いたくなるのが人情だろう。ああ、要素が一杯になってしまっているなと思ったら、受け取る相手のことを思い浮かべよう。そこから、ぎゅっと絞る。

広告業界には「ワンキャッチ、ワンビジュアル」という基本の作法がある。一つのビジュアルに対して、一つのコピー。心をつかめるかどうかはもちろん中身によるけれど、その前にまず、見てくれた人が受け取りやすいのはシンプルな組み合わせだよね、という考え方だ。

のちにスティーブ・ジョブズはこんな言葉を残している。

シンプルであることは、複雑であることよりも難しい。
物事をシンプルにするためには、
懸命に努力して思考を明瞭にしなければならないからだ。
だが、それだけの価値はある。
なぜなら、ひとたびそこに到達できれば、
山をも動かせるからだ。

1998年5月25日号「ビジネスウィーク」誌より

多くを語るよりも、少ない言葉の方が、考えや情景が広がり、結果的に多くのことが相手に伝わっていく。言葉における「Less is more」、僕たちはそこを目指したい。

短く強くシンプルに。この考え方を、僕自身が意識しはじめたのは、今から11年前、コピーライター1年目の時だった。

自分の広告をつくりなさい

このお題が僕を含む新人コピーライターに与えられた。

制作した広告ポスターは、自己紹介も兼ねて、社内のフロアに掲示される。これからはじまるコピーライター生活。先輩たちに自分の存在を知ってもらえるのはとても心強い。覚えてもらいたい、その意気込みは強くなるばかりだった。

新人育成担当のクリエーティブディレクターが事前にコピーをチェックしてくれる。その打合せに向けて考えはじめたものの…

あの時、自分のことをコピーで表現するなんて、果たしてそんなことができるのだろうかと、一抹の不安が頭をよぎったこともよく覚えている。

まずは、自分の特徴を書き出していく。

これまで経験した出来事を思い出す。また、仲の良い友人にも僕がどんな風に見えているか教えてほしいと聞いて回った。

箇条書きにするとこのように整理できた。

・アメリカンフットボールをやっていたので体が大きいこと
・社会人１年目は人事配属で、切り拓くように異動してきたこと
・安心感があり話しやすく人当たりがいいこと
・言葉の仕事をしたいという強い気持ちがあること
・何事にも猪突猛進に取り組む姿勢があること

これが自分の「伝える内容」のもとになっていく。

1年間の優れた広告が掲載されている、図鑑のように重量感のある「コピー年鑑」のページをめくりながら、こんな風に書けたらいいいだろうかと、見よう見まねで、1本ずつ書き上げる。

打合せの場に持ち込んだコピーは、46本だった。

1本ずつ、クリエーティブディレクターに見せていく。

意図を説明しながらテーブルに紙を置く。緊張して額に汗が流れていくのを感じる。

プレゼンし終わって、クリエーティブディレクターが、すべての紙を集め、トントントンと机で整えていく。そこから改めて、1枚ずつ素早く見ていく。これはある、これはない、と瞬時に分けていく。

結果、◯が4個、◎が1個だった。

ここに30本を紹介する。先程の特徴を持った新人コピーライターである。

あなたがコピーを選ぶ立場だったらどのコピーを選ぶだろうか?

汗も、恥も、文字も、たくさんかきます。

誰よりも手を動かす若手でありたい。

情熱とか嫌いな人には、悪夢の男です。

クマさんみたい。
それって、安心感があるってことですか。

体は大きいけれど、態度は小さいのです。

最後の足掻きをみてください。

倒れる時は、前のめり。

見た目だけで採点しないでください。

いまのところ、あきらめの悪さだけは、勝負できそうだ。

てづくりのあべこうたろう。

無駄にいい声を手に入れました。

松岡修造がライバルです。

もしもし、あべくん？

「はじめまして」から、すぐ仲良くなれる。

考えながら猪突猛進。

ただの汗かきから、頭に汗をかける奴へ。

真正面から、逃げません。

すべては終わった後の、ガッツポーズのために。

小さな縁を、大きくします。

情熱が、道を切り拓いてきました。

入社2年目ではなく、人生23年目すべてで勝負します。

夢をたくらむ時に、いい顔をします。

どんな強敵でも、体当たり。

阿部広告太郎。

どんよくあべこう。

総理大臣にはなれない。スポーツ選手にもなれない。
でも、心を動かす、日本代表になります。

誰よりも基本を大事にする男。

こころのつながりが、僕のエンジン。

「走れコウタロー」より、走る広太郎です。

万歳三唱だけは一人前。

改めて読み返して思うことがある。ここの一文字を削り出して短くしたいとか、ここは平仮名じゃなくて漢字にしたいとか、過去の自分にあれこれ言いたくなる。くすぐったいし、まじまじと見返すことに照れもあるけど、あの時の一生懸命を知っているから、恥ずかしいけど、恥じゃない。

クリエーティブディレクターが○をつけたのはこの４本だった。

○情熱とか嫌いな人には、悪夢の男です。
○てづくりのあべこうたろう。
○もしもし、あべくん？
○どんよくあべこう。

そして、「これが良いね」と◎を付けてくれたのがこのコピーだった。

◎阿部広告太郎。

「ありがとうございます！」

コピーが生き残ったことに安堵しながらも、内心、拍子抜けしていた。

こんなことを言うのも恥ずかしいが、自分自身の名前で何かできないかと考えている時に思い付きで書き加えたものだ。

内心、僕が書けたかなと思っていたのはこの2本のコピー案だった。

「汗も、恥も、文字も、たくさんかきます。」

「情熱とか嫌いな人には、悪夢の男です。」

あなたにも見て頂いてわかったと思うのだが、コピーってこうした方が「ぽさ」が出るのかなと、あれこれ、こねくりまわしもした。

でも結局、自分の名前を起点にしたものが選ばれたのだ。

クリエーティブディレクターは言った。

「一番大切なのは、君の名前を覚えてもらうこと。君の名前の『こうたろう』のこうの字が広告の『こう』なんだと伝えることは、覚えてもらえるから良いよ」

僕の書いた46本のコピー。選ばれたのはたった7文字のコピー。

キャラクター、容姿、印象的な出来事など、あらゆるアプローチで自分のことを伝えるコピーを書いた。

けれど、自分は相手に何を覚えてもらいたいのかという企てのないまま書いていたことに気づいた。

関係がはじまる「入口」をつくろう

自己紹介の目的は「興味の入口」をつくることだ。

自己紹介ですべてを伝え切ることなんて不可能。

「もう少し会話してみたいな」「あの件について話を聞いてみたいな」そう思っても

らえたらばっちりだ。出口まで進んでいきたくなる興味の入口を自己紹介でつくれたらそれでいいのだ。僕の入口は、自分の名前だった。

今思えばわかる。

広告をつくる人たちが集結するフロアに「広告太郎」と名乗る新人が現れたら、さすがに目につく。

なになに？　と興味を持ってくれた人に、どんな人間なのかを詳しく伝えればいい。意識したいのはメリハリであり、役割分担。広告には、心をつかむためのキャッチフレーズと、そこにある思いを説明するボディコピーと呼ばれる文章がある。

「阿部広告太郎。」を入口に、僕はこういう思いを持っているという出口へ進むボディコピーを書き上げた。手づくりが好きな自分らしく、キャッチフレーズを手書きにして1枚の広告ポスターは完成した。

もう一度聞きたい。

あなたなら自己紹介をどう1枚にまとめるだろう？

名刺交換をする時。はじめましての人に自己紹介をする時。人に向けてプレゼンをする時。あなた自身がどんなことを話しているのか意識してみよう。

そこでの一言を変えてみるだけで、入口がつくりやすくなるかもしれない。

相手との関係を育てるために、つくるべきは出口ではなく入口。

その先に進みたくなる入口を考えよう。試してみよう。焦らず、気長に。

生きていくことは、自己紹介をし続けることでもあるから。

それではこの第1章を入口にして、あなたと言葉の世界に入っていきたい。

マイ定義を持とう。
伝わるとは、
思い出せることだ。

阿部広告太郎。

「あんたの広の字はね、「広告」の広からとったのよ、
がんばりなさい。広告太郎なんだからね」

入社を控えたある日、母に名前の由来を尋ねたところ、その答えが返ってきた。
「広告太郎」これは考えてみるとすごい名前だ。
広告界の長男坊のような勢いがある。

「想いをつなげる」広告。
僕の２３年間に、どんな広告太郎らしさがあったかを、振り返ってみた。

小・中学校時代は、大人しい性格。
友達ができず、本の世界に現実逃避。
辛いのは、放課後。
ひとりぼっちに耐え切れず、家に逃げるように帰ってた。

「このままじゃヤバい、卒業したら誰も僕のことなんか
覚えてないんじゃないか！」

寝る時にまでドキドキした心の叫び。

「いま、変わらなくちゃ」

その一心で、アメフトの世界に飛び込んだ中学３年生。
まったく想像のできない、激烈体育会系な世界が、
自分を変えてくれると信じていた。
無理無茶無謀のかたまりである。

辛い毎日が続く。
当然、ついていける訳がない。
逃げたかった。けれど、あの時にまた戻るのはごめんだった。
不思議なくらい、必死にくらいつく自分がいた。

ガリガリのメガネ君が、マッチョのコンタクトへ。
自分が変わると、世界が変わってみえた。

ストイックに自分に向き合った高校時代。
大学でも続けたアメフト。

最後の試合、自分のプレーで、チームも観客さえも、
こころが繋がったような瞬間があった。
この時、僕は広告太郎になれた気がする。
今でもその感覚を忘れられない。

僕は、
広告のゼミに入っていた訳でも、
マーケティングを勉強してきた訳でもない。

ただ、自分の想いに真正面に、
逃げずに、そして、てづくりでここまできたこと。
ひとりの孤独も、
こころがつながる喜びも知っている。
それが阿部広太郎らしさだ。

世の中と、
心がつながる瞬間を一緒に体験しませんか。
つなげてみせます。

僕の２３年間。
すべてをぶつける覚悟で、
あなたのもとへ伺います。

『あんたの広の字はね、「広告」からとったのよ、
がんばりなさい。広告太郎なんだからね』

入社を控えたある日、母に名前の由来を尋ねたところ、
その答えが返ってきた。
「広告太郎」これは考えてみるとすごい名前だ。
広告界の長男坊のような勢いがある。

「想いをつなげる」広告。
僕の23年間に、どんな広告太郎らしさがあったかを、
振り返ってみた。

小・中学校時代は、大人しい性格。
友達ができず、本の世界に現実逃避。
辛いのは、放課後。
ひとりぼっちに耐え切れず、家に逃げるように帰ってた。

「このままじゃヤバい、卒業したら誰も僕のことなんか
覚えてないんじゃないか!」

寝る時にまでドキドキした心の叫び。

「いま、変わらなくちゃ」

その一心で、アメフトの世界に飛び込んだ中学3年生。
まったく想像のできない、激烈体育会系の世界が、
自分を変えてくれると信じていた。
無理無茶無謀のかたまりである。

辛い毎日が続く。

当然、ついていける訳がない。
逃げたかった。けれど、あの時にまた戻るのはごめんだった。
不思議なくらい、必死にくらいつく自分がいた。

ガリガリのメガネ君が、マッチョのコンタクトへ。
自分が変わると、世界が変わってみえた。
ストイックに自分に向き合った高校時代。
大学でも続けたアメフト。

最後の試合、自分のプレーで、チームも観客さえも、
こころがつながったような瞬間があった。
この時、僕は広告太郎になれた気がする。
今でもその感覚を忘れられない。

僕は、
広告のゼミに入った訳でも、
マーケティングを勉強してきた訳でもない。
ただ、自分の想いに真正面に、
逃げずに、そして、てづくりでここまできたこと。
ひとりの孤独も、
こころがつながる喜びも知っている。
それが阿部広太郎らしさだ。

世の中と、
心がつながる瞬間を一緒に体験しませんか。
つなげてみせます。

僕の23年間。
すべてをぶつける覚悟で、
あなたのもとへ伺います。

第2章

言葉の正体

言葉とは何だろうか？

言葉の仕事をする上で、この問いをずっと考えてきた。

コピーライターの新人は師匠の下に付く。自己紹介での宣言通り、貪欲に、前のめりに、働きに働いた。

しかしながら、書けども、書けども、コピーはほとんど採用されない。ただ、空回りだとしても回ってさえいれば、いつかカチリと歯車が合うと信じていた。

同期が結果を出しはじめる。師匠の背中は遥か先だ。そして、後輩も入ってくる。コピーを考える時間と経験を少しでも増やしたくてコピーライター養成講座にも通った。会社での仕事がかたちになると、広告業界の専門誌に紹介された。すると、講座のOBとして現役生の前で話してもらえませんか？　と依頼があった。

ありがたいことだ。

先輩から教わったことを、後輩に伝えていく。伝統はこの積み重ねでできていく。もちろん喜んで、と人前に立つことになった。

どうやってコピーを書いているのか？

お題を与えられてから、どう動きはじめ、実際に書いているか。振り返りながらその方法論を語っていく。人に何かを伝える時、「なんとなく」は敵だ。雰囲気でごまかさないように言葉にしていく。よく、教える方が教わっていると言うが、あれは本当だ。言葉にすることで知識が整理整頓されていく感覚がある。

さすがにそろそろ言葉とコピーの世界を捉えることができたかな、そんな風に思っていた時のことだ。急に足元がぐらついて、地面が崩れていくような感覚を抱いた。

「どん底に落ちたら、掘れ」というイタリアの格言がある。

ザクッ、ザクッとスコップを差し込むように、自分が扱っている言葉について考えを深めていった。そのきっかけについて書きたい。

僕たちが毎日触れ合っているこの言葉とは何だろうか？

文字だけが言葉じゃない

2017年のことだ。

ソーシャルエンターテインメント「ダイアログ・イン・サイレンス」というイベントが新宿のLUMINE 0《ゼロ》で開催されることになった。

まったく音のない世界を、聴覚障害者のアテンドの方が案内してくれる。参加者は、音を遮断するヘッドセットを装着。静寂の中で、集中力、観察力、表現力を高め、解放感のある自由を体験していくというイベントだ。

日本での初開催にあたり、僕は広告制作に携わることになった。

まずは、音声に頼らず対話をする達人、聴覚障害者のアテンドの方たちを募集する広告をつくることに。

総合プロデューサーの志村季世恵さん、1999年の初開催以降、日本では22万人

以上が体験している「暗闇の中の対話」を主宰するダイアログ・イン・ザ・ダーク・ジャパン代表の志村真介さん、そして監修で入られていた中途失聴者の松森果林さんを中心に打合せを進めていく。

聞こえない方と仕事でご一緒するはじめての経験だった。

手話通訳士の方を介して、または、パソコンをモニターにつなげて、カタカタと文字を打ちながら、筆談をする要領で伝え合っていく。

打合せの中で、何の気なしに僕はこんな発言をしてしまった。

「イベントの中では、言葉を使わないってことですもんね」

松森果林さんは言った。

「阿部さん、手話も言葉ですよ」

ドキッとした。ショックだった。自分自身に対して。傷つくと気づくは言葉の響きが似ているけれど、その心の痛みで、自分の凝り固まった価値観に気づいた。

僕の当たり前が、世界の当たり前じゃない。

イベントの中では、手話を使うシーンも出てくる。

僕はそのことを知っていたのに、書く言葉、話す言葉、歌う言葉、普段自分が使う言葉が言葉のすべてだと思ってしまっていたのだ。

考えてみれば、「ボディーランゲージ」は直訳すればその通り「体の言葉」だ。手話は「手の言葉」だし、目を合わせて、微笑むその表情だって「顔の言葉」だ。文字で書いたり、口で話したり、それだけが言葉じゃない。

辞書という拠り所

心に迷いが生じた時は必ず辞書を引く。

辞書は、大きな海に浮かんでいる浮き輪のような存在だ。拠り所になる。

そこにある安心感。辞書があれば心強い。

おぼろげに感じている意味をつかむ上でも、引けば何かしら発見がある。

発見とまでいかなくても考えるスタート地点になる。

ちなみに僕は、紙の辞書を卓上に置いているし、辞書のアプリを購入してスマホにも入れている。新明解国語辞典を引いてみる。


言葉とは…

その社会を構成する（同じ民族に属する）人びとが思想・意志・感情などを伝え合ったり、諸事物・諸事象を識別したりするための記号として伝統的な慣習に従って用いる音声。また、その音声による表現行為。（広義では、それを表す文字や、文字による表現及び人工言語・手話に用いる手振りをも含む）

自分では思い至らなかった。けれども辞書には書いてあった。

言葉の意味には、狭義と広義がある。意味は円のように広がりを持っている。

狭義は中心部分で、「いわゆる」を指し示す。この場合だと、伝え合うために発する言葉だ。一方で、広義では、プログラミングに使われる言語も、手話も、身振り手振りも言葉に含まれるのだ。

語源収集家であること

物事について考えを深める時、いつも語源をさかのぼる。

歴史は英語でHistory。そのスペルにはStoryがひそんでいる。

考えてみれば、言葉はいきなり僕たちの前に現れたわけではない。

言葉を生み出してきた偉大なる先人たちがいる。

その言葉の生まれてきた成り立ちを知ることで、創作秘話に手を伸ばせる。

その中にはなぜ生まれたかの生々しい理由があると僕は思っている。

語源の調べ方は簡単だ。語源辞典を手にしてもいいし、ウェブで、「調べたい単語、スペース、語源」で大抵の語源は調べることができる。


語源由来辞典によると「言葉」の語源はこうだ。

「言（こと）」＋「端（は）」の複合語である。
古く、言語を表す語は「言（こと）」が一般的で、
「ことば」という語は少なかった。
「言（こと）」には「事」と同じ意味があり、
「言（こと）」は事実にもなり得る重い意味を持つようになった。
そこから「言（こと）」に事実を伴わない
口先だけの軽い意味を持たせようとし、
「端（は）」を加えて「ことば」になったと考えられる。
奈良時代の「万葉集」では「言葉」「言羽」「辞」の
三種類の文字が使われていた。

なるほど。辞書の「辞」は「ことば」の意味だったのか。
「広辞苑」という名前の成り立ちも知ることができた。
そして、「言」という字が、事実にもなり得る重さを持つようになったから、軽い意味を持たせようとした、というのは、軽口を叩けなくなったフラストレーションがあったのだろうか。人間くささが見えておもしろい。
それに「言羽」なんて今のTwitterみたいじゃないか。

では、3つある「ことば」の中で、なぜ「言葉」がメジャーになったのだろうか？

その答えの一端《いったん》は、平安時代前期につくられた「古今和歌集」の仮名序にあった。
仮名とは、漢字をもとにして日本でつくられた文字のこと。仮名で書かれた序文、つまり書籍で言う「はじめに」に、紀貫之《きのつらゆき》が和歌とは何かを綴っているのだ。

やまと歌は、人の心を種として、
よろづの言の葉とぞなれりける。
世の中にある人、ことわざ繁きものなれば、
心に思ふことを、見るもの聞くものにつけて言ひ出だせるなり。

やまと歌とは、和歌のことだ。

人の心を種にして、芽を出し、すくすくと伸び、言の葉が生い茂《しげ》る。「葉」は豊かさを表現する。僕は想像する。言葉にまつわるこの情景が、たしかにそうだと共感を呼び、人の心の中で広がっていったのではないだろうか。思い描けるものが共有されていくスピードは速い。

次第に、「言羽」でも「辞」でもなく、「言葉」の綴りが選ばれ、定着していくようになった。引用した序文を訳してみる。

和歌は、人の心を種にして、さまざまな言葉となったものである。この世に生きている人は、出来事がたくさんあるので、心に思うことを、見るものや聞くものに託して、言葉に表しているのである。

語源をさかのぼってみてわかったことがある。

心を種にして、さまざまな言葉となる。

つまり、心に思うことがあるから言葉になるし、言葉を探すし、言葉を選ぶ。そして時に人は言葉を新たに生み出すのだろう。心の種さえあれば、言葉は後からついてくる。逆にもしそこに心がなければ、言葉が並べてあったとしても、中身はスカスカで虚しい気持ちになる。

章のはじまりに書いた、この問いに戻る。

言葉とは何だろうか？

辞書を調べた。語源を調べた。そこからマイ定義を導いた。

心の種から言葉が生まれる。

心に思うことを、相手に伝える手段のすべてが言葉だ。

書き言葉。話し言葉。歌う言葉。手の言葉。体の言葉。

ダンスの言葉。映像の言葉。写真の言葉。
僕たちは言葉があることでつながり合える。
僕たちは言葉があることで分かち合える。

手話もコピーになる

「ダイアログ・イン・サイレンス」の広告づくりの話に戻りたい。
衝撃を受けて地面にへたりこもうとも、底を掘り進めば突き抜けられる。
気づいたことは全部、成長に結び付けたらいい。
アテンドの方たちを募集する広告ポスターが完成した。
なんだろう？　と思った人も多いだろう。僕たちは堂々と言葉を配置した。

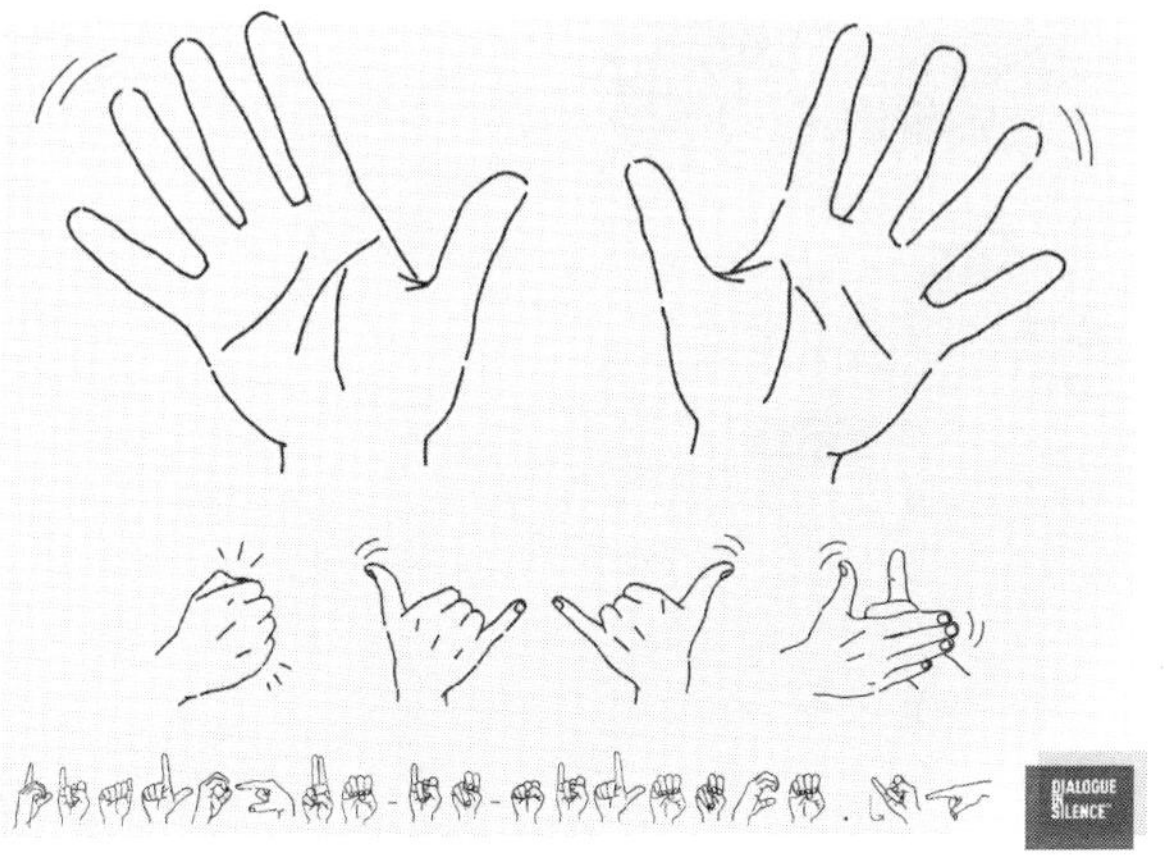

ここにはこう書いてある。

「求む。これがわかるあなたの力を貸してください」

指で文字を表現できる指文字があるということも知った。

広告の下部には、ウェブサイトのアドレス dialogue-in-silence.jp と書いた。

この広告は、普段手話を使っている人たちにしっかりと届いていった。

嬉しかったことが2つある。

一つは、この広告が2018年度の「コピー年鑑」に掲載されたことだ。東京コピーライターズクラブの会員が、審査会にて、応募のあった広告に票を投じ、選び抜き、後世に残すべき広告が掲載されている年鑑だ。

おそらくコピー史上初の手話のコピーではないだろうか。この広告は、何かの賞を受賞した訳ではない。けれど、手話は言葉であり、手話もコピーになることを伝えられたことが嬉しかった。自分の中で確かな手応えのある仕事だった。

もう一つは、とびきりの出来事だった。この広告が完成した時、松森果林さんが僕にメッセージを寄せてくださった。

「私たちの言葉をこんなに素敵にデザインしてくださりありがとうございます」

一人静かにスマホを見て、じーんと目頭が熱くなった。

言葉は意識の引き出しを開ける

心を種にして、言葉になる。
自分から沸き起こる気持ちに、後から言葉がついてくる。
では、人が書いた言葉を読む時に、僕たちの心の中ではどんな作用が働いているのだろうか？　ここをさらに解き明かしていきたい。

次の言葉を、あなたの心の中でつぶやいてほしい。

退屈

毎日

新学期
青空
転校生

一つひとつの言葉からイメージが広がらなかっただろうか?

僕はあなたの頭の中を覗きに行って確かめることはできない。けれど、この言葉から思い描くことは誰一人として同じではなかったはずだ。それぞれが、違う何かをイメージしたはずなのだ。

「退屈」から、学校の授業中に、教室の窓越しに流れる雲をぼんやり眺める時間を思い描いた人もいれば、デート中なのに恋人がスマホばかりを見ていて少し寂しく感じる時間を思い描いた人もいるだろう。

言葉は意識の引き出しを開ける。そのことを考えながら、僕がつくった作品がある。

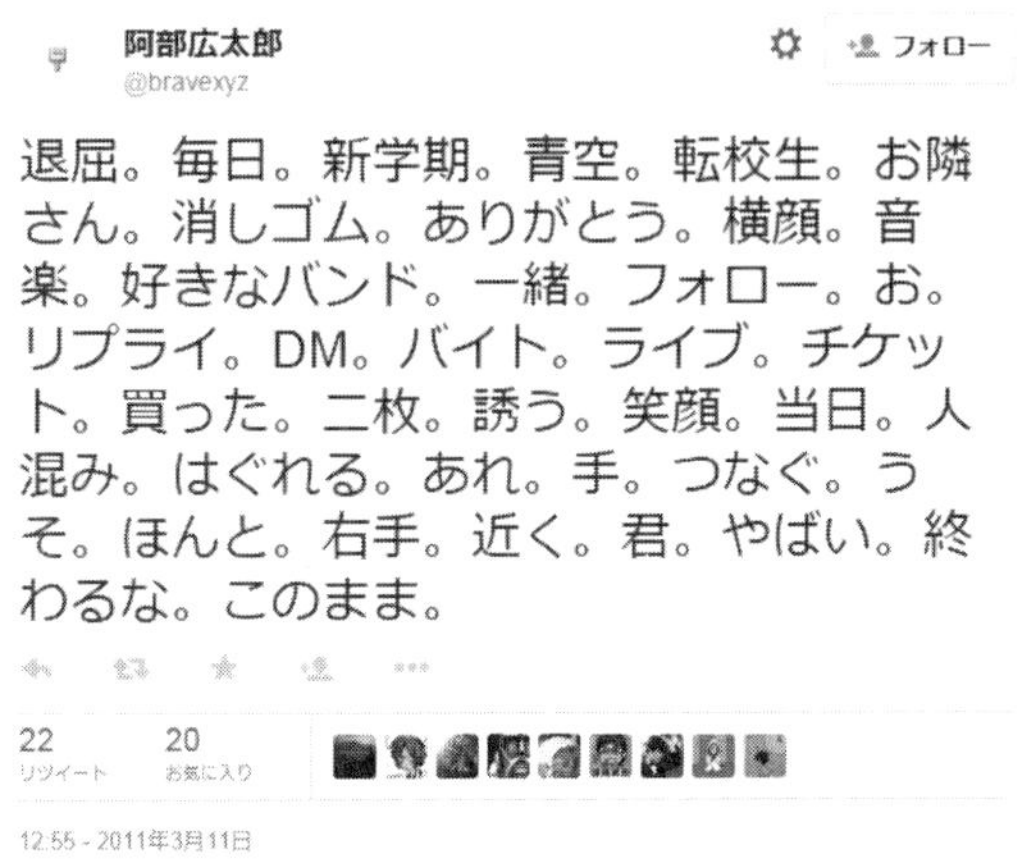
阿部広太郎
@bravexyz
フォロー
退屈。毎日。新学期。青空。転校生。お隣さん。消しゴム。ありがとう。横顔。音楽。好きなバンド。一緒。フォロー。お。リプライ。DM。バイト。ライブ。チケット。買った。二枚。誘う。笑顔。当日。人混み。はぐれる。あれ。手。つなぐ。うそ。ほんと。右手。近く。君。やばい。終わるな。このまま。
22
リツイート
20
お気に入り
12:55 - 2011年3月11日

2011年、出版社のディスカヴァー・トゥエンティワンが主催する第2回ツイッター小説大賞にて、審査員特別賞を受賞した作品だ。

文章にせずとも、言葉で意識の引き出しを連続的に開けることで、情景が共有されていく。ここで念押ししておきたいのは、単語を並べておけばいい、ということを伝えたいのではない。単語を並べるだけでも情景が共有されていってしまう。

だからこそ思うのだ。僕がいる。あなたがいる。心を種にして思いを分かち合う時に、どの言葉を選ぶかがとてつもなく重要になってくる。

素敵禁止

あなたには、よく使ってしまう言葉はないだろうか?

特定の状況になった時に、反射的にその言葉を選んでしまうというような言葉だ。

「ヤバい」「すごい」「エモい」など、使えば何でもいい塩梅《あんばい》になる「味の素」のような便利な言葉。

僕は「素敵」という言葉がそうだ。どうしても使ってしまう。

だから「素敵禁止」というマイルールを設けている。

その奥にある気持ちはなんだろう?

いちいちそんな風に考えるクセをつけている。

最近こんなことがあった。着物姿の写真をSNSにアップしている女性がいた。

素敵だ、と思った。でもすぐに「素敵禁止」を思い出す。その奥にある気持ちを探したくて、しばし考えて「可憐《かれん》です」とコメントをした。伝えた後、少しの違和感を覚えた。あれ、待てよ、本当にその言葉で良かったのだろうか？　そう思い、スマホで新明解国語辞典のアプリを立ち上げて調べた。

【可憐】ひ弱そうな感じがして、無事でいられるよう、暖かい目で見守ってやりたくなる様子。

やってしまったと思った。

決してひ弱そうな感じがしたわけではない。無事でいられるよう見守りたくなったわけでもない。というより「見守ってやりたくなる様子」って、そのやや上からのニュアンスはなんなのだ。違う、違う、そうじゃないんだ。

もう一度考える。僕が伝えたかった思いはなんだ？

似た響きの言葉に、伝えたい言葉があった。

「かれん」じゃなくて「かれい」だ！

そして、再び新明解国語辞典を引くと、「かれい」は2つあった。


【華麗】はなやかで、豪華な様子。

【佳麗】美しくて、品がいい様子。


似ているがニュアンスが異なる。ようやく辿りついた。

伝えたかったのは、「可憐」でもなく、「華麗」でもなく、「佳麗」だった。

僕は「佳麗ですね」とコメントし直した。そんな細かいことを気にしないでも、そう思う人もいるかもしれない。でも、その細かい差の積み重ねこそが、言葉で心をつかめるかどうかの違いになってくると思うのだ。

思いが込みあげる映画のセリフ。

悲しみで心を濡らす小説の一行。

笑いをかっさらう漫才のツッコミ。

僕たちの心をつかむ数々の言葉は、間違いなく書き手が言葉を選び抜いた結果なのだ。心に芽生えたこの思い、どの言葉を選ぶのか？

一番手の届きやすい引き出しから言葉を取り出しても、もちろん構わない。

でも、その周辺にもっと伝えられる言葉が何かあると思うのであれば、普段使っていない引き出しに手を伸ばしてみよう。

あなたに誤解してほしくないことがある。

僕は、まるで言葉狩りのように、「素敵という言葉を使ってはいけない」と言いたいわけではない。心に響いた出来事がある。目の前にそれを伝えたい人がいる。目をきらきらと輝かせて伝える「素敵です!!」ほど、相手に気持ちが伝わる言葉はないと思うのだ。心掛けたいのは、自分の言葉の選び方のクセを意識すること。

よく使ってしまうな、という言葉。僕にとっては「素敵」で、あなたにとっては「すごい」かもしれないし、もしくは「エモい」かもしれない。その気持ちの奥に手を伸ばしてみよう。

句読点の打ち方

「点と丸の打ち方はどうされてますか？」

コピーの講義にて、そんな質問を受けることがある。コピーライターが書く文章には、句点の「。」と、読点の「、」が多く登場するイメージがあるのかもしれない。

句読点の意味を大辞泉で引いてみると「文の切れ目や文中の意味の切れ目などに添える符号」となっている。切れ目、確かにその通りだ。

僕なりのマイ定義としては、息継ぎのタイミングを共有するものだと考えている。

ここで息継ぎをしてもらえたらいいかな、いや、やっぱりここは一気に読んでもらいたいぞ、とリズムを計算しながら点と丸を打つようにしている。

僕の前著「待っていても、はじまらない。」も、「待っていても」で息継ぎをして、余韻とともに「待っていても、はじまらない。」と読んでほしくてあえてそうしている。

文章力を向上させるための基本中の基本であり、続ければ必ず成果が現れるのが、書き上げた後に音読をすること。せめて黙読はしっかりやろう。

そこで句読点を打つか、打たないのか。

自分がリズムよく読める文章は、相手にも心地よく伝わっていく。

ちなみに小説家の絲山《いとやま》秋子さんの作品「沖で待つ」の書き出しが見事だ。

「しゃっくりが止まら、ないんだ」

句読点の打ち方一つでも、心をつかまれる。

言葉選びに対する執着心は見えるものを変えていく。

あなたの言葉から生まれる情景を色鮮やかにしていくはずだ。

心の種を大切に。
言葉選びに、
執着心を持とう。

第3章

言葉に矢印を込めよう

世界で最も偉大な発明をした人

2015年、連続講座「企画メシ」のゲスト講師に来てくださったアニメプロデューサーの石井朋彦さんと話していた時のことだ。

「作家の開高健さんっていますよね。知ってますか?」

もちろん知っていた。

サントリーの前身・寿屋の宣伝部で活躍されたコピーライターであり、その後は、ノンフィクション作家、小説家として数多くの作品を残されているのが開高健さんだ。

ちなみに、本名は「かいこうたけし」だが、自身でKenとサインするなど、「かいこうけん」と名乗っていたこともあり、どちらの読み方も正しい。

石井さんは続ける。

「その開高さんが考える、世界で最も偉大な発明をした人ってどんな人だと思いますか？」

好奇心をそそる質問は、脳を一気にフル回転させる。

あなたなら何と答えるだろうか？

僕は、うーんと、考えを巡らせて、これまで見聞きしてきた人類の進化にまつわる話を思い出した。

そうだ、火だ！

火があることで、人間が口にすることのできる食べ物の領域が大幅に広がったこと。そして、火がなければ夜はただただ暗いだけだった。火が発明されることで、人間にとっての夜の時間が発明されていったのだ…そんな話を聞いたことがあった。

少し自信をにじませて石井さんに話すと「違います」と返ってきた。

「ライオンという言葉を発明した人だと開高さんは言ってるんです」

想像もしていなかった答えに面食らった。

そして、伺った話に僕は心地よい衝撃を受けた。

開高さんの講演録「経験・言葉・虚構／地球を歩く」（新潮社）から、そのエピソードを紹介する。

強力な脚を持ち、鋭い爪を持ち、
ものすごい牙《きば》を持っている、混沌とした恐怖の塊り。
速くて、痛くて、鋭い、恐ろしい混沌の塊りなんですね。
ライオンじゃなかったわけです。
ところが一度これに「ライオン」という言葉をつくって
当てはめてしまいますと、
ライオンはどうなるかというと、
人間の意識の中で変わってしまう。

やっぱり依然として、鋭くて、速くて、
恐ろしい牙を持っているけれども、
ただの四つ足の獣に変わってしまうわけですね。

ここで克服できたわけです。

この話を何度読み返しただろうか。読むたびに脳のシナプスが興奮する感覚を抱く。この話を受けて自分なりに、人間と言葉の関係を表した。

言葉↓概念↓行動

開高さんの話を僕なりに解釈する。

ある日突然、仲間が血を流して倒れている。おそらく、の話だ。その混沌とした恐怖の塊りに対して、あのヤバいやつ、とか、あの化け物みたいな、とか。何かしらの言葉では言われていたのだと思う。

ただ、そこに誰かが「ライオン」と名付ける。混沌とした感情に名前がつくことで、人の頭の中に概念が生まれる。あれは、ライオンというただの四つ足の獣なのだと。獣だとしたらどう「行動」すればいいのか？

混沌の塊り→ライオン→闘える

ライオンを見つけてしまったら、手の届く距離にある大きな石を持つ、もしくは棍《こん》棒《ぼう》を握ったら、ぎりぎり闘えるかもしれない。

混沌の塊り→ライオン→逃げる

「ライオンだ！」と誰かの叫び声を聞いたら全速力で逃げ出す。そうすれば、命は落とさずに済むかもしれない。

もしもそこに「ライオン」という概念がなければ、依然として混沌とした塊りのまま。右往左往してしまい、どう行動して良いのかわからない。行動という出口が見えたことで、恐ろしさを克服できたと僕は思うのだ。

それはどこか、人生相談にも似ている。

心に処理しきれないもやもやが生まれた時、人に悩みを相談すると思う。そう考えれば良かったのかと、気持ちの拠り所となる言葉を掛けてもらう。もやもやの取り扱い方がわかる。すると、その悩みに対してどのように行動すればいいのかがわかり、途端にすっきりする、あの感覚にそっくりだ。

言葉を企画するということ

ここから僕が考えたことがある。

コピーを書くとは、言葉を「企画」すると言えるのではないか。

「企画」の意味を大辞林で引いてみる。

実現すべき物事の内容を考え、その実現に向けての計画を立てること。立案すること。また、その計画や案。（類義の語に「計画」があるが、「計画」は行うべき物事の内容がおおむね決まっていて、その実現の方法・手順などを前もって考える意。それに対して「企画」は目新しく好ましい物事の内容を具体的に考え、その実現に向けて手はずを整える意を表す）

辞書を引くと、豆知識まで得られるのがいい。計画と企画の違いまでわかった。すでに行うべき内容が決まっている計画に対して、企画は目新しく好ましい物事を具体的に考えて、実現に向かうこと。

辞書の意味を踏まえつつ、言葉の仕事を10年以上続けてきた僕にとっての「企画」のマイ定義はこうだ。

企画とは「幸福に向かう意志」である。

シンプルにすると「↓（矢印）」だと考えている。

今、「現在地A」にいるということを知ること。

そして、これから向かいたい「幸福Ｂ」を企む。
Ａ↓Ｂ。ＡではなくＢ。
幸福に向かう意志を持ちながら、
企み、そして文字通り、画にして実現する。

「意思」ではなく、あえて「意志」という言葉を選んだ。

「意思」は、「本人の意思を尊重する」という使われ方や、「意思表示」という言葉があるように、自分の考えや思いのことを指す。

一方で「意志」は、「意志尊重」や「意志を貫く」という言葉があるように、あることを決意して、そこに向かい続けるその人らしさがにじむ「積極的な心持ち」がある。ゆえに、ここでは言葉として「意志」を選びたい。


「楽観は意志。悲観は気分」

哲学者のアランが「幸福論」でこの言葉を残している。

どんな状況であっても、未来を楽観する。そのための言葉を探す。

アランのこの言葉も僕は好きだ。

「幸福だから笑うのではない、笑うから幸福なのだ」

結局は「できるできないではなく、するかしないか」。

「企画」は決して特別なものではない。あなたにとても関係のある行為なのだ。

仕事の領域だけではなく、たとえば、今日の晩ごはんをどうするか、週末はどこに行こうか、休暇は何をして過ごそうか、身近なところに企画の対象はあるし、人生は企画の連続と言っても良い。

企画ができる、つまり「↓（矢印）」の使い手になれば、日々の積み重ねで人は幸福へと進んでいけるはずだ。

僕が10年以上続けてきているコピーライターという仕事は、みんなが当たり前のように使っている言葉を企画の対象とする。

スポーツにたとえてみる。

バスケットボールでも、ラグビーでも、アメフトでもいい。みんなが当たり前のようにするキャッチボールからはじまる。その反復から、相手との信頼関係を育てていき、実際の試合では、目指すべきゴールに向かって、きっとここに来てくれると先読みして、信じるようにパスをしていく。

コピーは、そのパスだ。

あんな風に伝わると嬉しいな、こんな動きをつくれたら喜んでもらえるかなと、目指すべき幸福を考え、言葉に「↓（矢印）」を込める、そんな「言葉の企画」が僕の仕事だと考えているし、僕の考え方をあなたに全部伝えたい。

混沌の塊り→ライオン

さきほどのライオンの話で言うならば、原始時代、声にならない恐怖を感じるこの状態をなんとかするために、ライオンと名付け、呼びはじめた人がいる。

その人が誰かはわからない。けれど、僕にとってその人は、間違いなく原始時代のコピーライターだと思うのだ。

時代は令和になり、当然ながら今、日本の路上をライオンは闊歩していない。いるとしてもほぼ100%動物園だろう。

誰かが「ライオンだ！」と言っても、闘おう、逃げよう、と行動を起こす人はいない。スマホで画像を見ているのかな？　くらいにしか思わない。

「言葉は時代と呼吸する」

このことを言葉の企画をする上で頭の片隅に置いておきたい。

毎年、流行語が生まれる。その一方で死語というように使われなくなる言葉も出てくる。言葉の意味合いは年々変化していく。それゆえ、使おうとするその言葉が今、どんな雰囲気を醸《かも》し出しているのか、そこにちゃんと心を配りたい。

DJポリスは語り掛ける

広告に使われている言葉だけがコピーではなく、実はここにもあそこにもコピーはあるということを紹介したい。広告業界という限られた場だけじゃなくて、あなたの日常の中にもあると感じてもらえるはずだ。

DJポリスがニュースに初登場したのは、2013年、サッカー日本代表がW杯出場を決めた時だった。

東京・渋谷のスクランブル交差点。普段ですら人通りは混雑を極めるのに、試合後は、喜びを大爆発させるサポーターであふれかえった。ハイタッチからはじまり、胴上げまでも。このまま放置してしまえば、交通は大混乱する。

円滑な交通を確保するために現れたのが、警官「DJポリス」だった。

彼が大勢のサポーターに向かって伝えた言葉で流れが大きく変わったのだ。

サポーター→12番目の選手

DJポリスはサポーターではなく、12番目の選手に語り掛ける。

12番目の選手の皆さん、
ルールとマナーを守ってフェアプレーで
今日の喜びを分かち合いましょう。
皆さんがそのように交通ルールを無視していると、
おまわりさんからイエローカードが出るかもしれません。
目の前の怖い顔をしたおまわりさん。
心の中では日本代表のW杯出場を喜んでいるのです。
どうか皆さん、おまわりさんの言うことを聞いてください。

あなたがもし、スクランブル交差点にいたらどうだろうか？

ここまで言われてなお、騒ぐことができるだろうか？

その場にいたサポーターの皆さんの心の変化と、生まれた行動を考察したい。


BARだろうか、はたまた居酒屋だろうか。

テレビで応援していた日本代表が勝利を決め、サポーターとして喜ぶ。

そのテンションのまま、街に繰り出してお祭り騒ぎをしたくなる。

そこで、DJポリスから語り掛けられたのは、「12番目の選手」という言葉。

自分自身と、テレビの向こう側で一生懸命に勝利をもぎとった日本代表イレブンと心がつながる。

もしも、だ。

ここで、騒動を起こしてしまい、トラブルになれば、12番目の選手の自分から、まわりまわって、日本代表にも迷惑を掛けてしまうのではないか？

それは避けたい。そんなことはあってはならない。目の前の警察の方たちだって同じく喜んでいるんだ。だからここは、すみやかに渡ろう。

朝の情報番組でＤＪポリスの発言が紹介されていた時の驚きを今でも強く覚えている。警官であり、人の心をつかむ、とてつもないコピーライターだ。

明太子をニューヨークで売る

この「言葉を企画する」という行為は日本語限定の話ではない。言葉があるところでは、どこでもつくれることだ。

アメリカでの出来事を紹介したい。

福岡出身のレストランオーナー、ヒミ＊オカジマさんがニューヨークで経営する博多料理店は大人気店だ。明太子を英語で直訳し、お店のメニューに「Cod roe（タラの卵）」と出したところ、実際に食べてもいないお客さんから「なんだこれは、気持ち悪い！」と酷評されたそうだ。

そう、アメリカには、魚の卵を食べるという文化がない。食わず嫌いと言うのだろうか。それゆえに美味しいイメージが湧かずに、敬遠してしまうというわけだ。

美味しい明太子。

どうしたらこの美味しさが、アメリカの方たちに受けいれてもらえるのか？

オカジマさんの出した答えはこうだった。

Cod roe → HAKATA Spicy Caviar

博多スパイシーキャビア。

名前を変えた途端に、爆発的ヒットを記録する。

「うまいうまい」と食べはじめるアメリカの方たち。なんだこれはお酒に合うじゃないかと、よく冷えたシャンパンと博多スパイシーキャビアで楽しむ人々であふれるようになったそうだ。

お客さんたちの心の動きを考察する。ヨーロッパを中心に愛される高級食材、キャビア。その食文化はアメリカでも知られているし、愛好する人も多い。

明太子は日本の博多生まれの、ピリリとスパイシーなキャビアなのである。それならば怖がる必要もないし、むしろどんな味がするのか一生に一度は食べてみたいな、注文してみよう。

この明太子のエピソードを紹介しながら、オカジマさんは、はっと気づいたことがあったそうだ。

それは「人は言葉を食べている」ということ。

明太子そのもの自体は何も変えていない。

変えたのは言葉だけ。言葉を変えることで、人の行動が変わる。

見事な矢印（↓）の使い手であるオカジマさんの「TEDxFukuoka」でのプレゼンは、YouTubeで見ることができる。

五輪で主体性を引き出すために

２０２１年、東京五輪が開催される。

２０１３年に開催地が東京に決定してから今に至るまでの連日のニュース報道を見ていて、単なるスポーツの大会ではないということを肌で感じている。

これはお祭りなのだ。

組織委員会は、どれだけの人を巻き込めるかを日々考え続けているのだと思う。どの国のどの都市で開催するにしても、当事者意識を広めるためには何よりも言葉が重要なのだという事例を紹介したい。

Words Energy 言葉の旅｜ヒミ＊オカジマ｜TEDxFukuoka
https://www.youtube.com/watch?v=sHXg43rnqz0

これは、2012年。ロンドン五輪の話だ。

開催するためには、大会事務局と連携をし、選手の支援、会場運営、医療関係などの運営に携わるボランティアの協力が必要になる。


「五輪のボランティア募集！」


そう銘打った広告があったとした時、あなたはどう思うだろうか？

五輪に強い関心がある人であれば応募しなくちゃ、と思うだろうし、「うーん、ボランティアかあ…」と気にはなるけど、どうするか決めかねる人も多いのではないかと思う。

「ボランティア」は、「自分から進んで社会活動などに無償で参加する人」を意味する。そもそも語源は、ラテン語の「volo」（ウォロ）から来ている。

これは「自分から進んで〜する」「喜んで〜する」の意味で、本来であれば「主体性」が意味の真ん中にある言葉だ。言葉の意味合いは時代によって変化していく。

昨今では、「ボランティア＝無償でやる」の部分に意味が引っ張られて、そこに主体性はマストであるはずなのに、「みんなでボランティアをしよう」という、本末転倒の使われ方もされている。

ロンドン五輪での「ボランティア」の愛称は見事だった。

一体感や誇りを生み出す狙いから、このように名付けられた。

ボランティア→ゲームズメーカー

ここには「ボランティアであるあなたがゲームをつくるメンバーなのだ」という思いが込められている。名称が変わっても、もちろんボランティアであることに変わらない。しかしながら、あなたはオリンピックという歴史的なゲームをつくる一員なのである、そう言われた時に背筋が伸びる感じがしないだろうか。

当事者として積極的に関わりたい、と前のめりになっていく。

同じことでも言い方を変えることで、人の姿勢すら変えてしまうのだ。

「ものは言いよう」という魔法

ではどうすれば「A→B」の矢印をつくることができるのだろうか？
選ばれた特別な人にしか、つくることができないのだろうか？
安心してほしい、そんなことはまったくない。
大昔から、あなたも含めて多くの人がすでに実践してきていることなのだ。
「ものは言いよう」
この慣用句を聞いたことがあるのではないだろうか？
「同じことでも言い方によって、良くも悪くも印象が変わる」という意味だ。
実際に言い換えることで魔法を掛けるように印象が変わる。
具体例を見ながら一緒に考えていきたい。

ピンチ→チャンス

たとえば、仕事やアルバイトで、取り返しのつかないミスをしてしまった時。プライベートでなら、思いを寄せる人に傷つける言葉を投げ掛けてしまった時。

2019年のM-1グランプリファイナリストの芸人「ぺこぱ」の漫才のように「時を戻そう」と言いたいし、実際に戻りたいけどそれもかなわない。

頭を抱えながらも「ピンチはチャンスだ」と心の中で言い換えてみる。今は相手の懐にぐっと飛び込めるチャンスなのだと思い込んでみる。

あるいは、信念を持って仕事をする人が数多く登場する「情熱大陸」や「プロフェッショナル 仕事の流儀」を思い出しながら、ナレーターの声を脳内で再生してみる。「このピンチが後に大きなチャンスになるとは知る由《よし》もなかった」

イメージすることが思った以上に効くのだ。言い換えてから、気持ちを切り替えるスイッチを入れることで、後ろを向くか、前を向けるかが変わってくる。

雨が降る→虹が見られる

雨が降ることだけに目を向けていたらブルーな気持ちになる。でも、そこから晴れたら空に虹が架かるかもしれない。その虹は、雨があるから生まれるものだ。そう捉えることで、心の持ちようも変わる。

好きな人にフラれた→心の痛みがわかる人になる

何も恋愛だけに限らない。一緒に取り組みたいことがある人に声を掛けたものの、都合が合わずに話が流れてしまう、そんなことはよくある。

上手くいくことだけが人生じゃない。人生相談に乗るのがうまい人は、誰よりも心の痛みと向き合ってきた人なのではないかと僕は思う。

相手への思い入れが強ければ強いほど、フラれたことからすぐに立ち直ることなんてできないし、その気持ちに浸っていていい。でも、その経験があることで、次、誰かの心の拠り所になれるのだと考えると、少し心が軽くならないだろうか。

人の少ない街→閑静な住宅街

ずるいくらいに印象が変わる。

何か状況が変わったわけでは決してないのに、そう言われたらいい街だなと思ってしまう自分を発見する。「人が少ない」という側面だけを見るのではなく、違う見え方ができないかなとあちこちを眺めてみる。

人が少ないことによって「物静かで落ち着く」という側面を発見し、言い換えることができるのだ。物事を考えるとはつまり、物事を見る角度を変えて、そして見方を選ぶことなのだと思う。

受講生→企画生

「ものは言いよう」がその場の空気を変えることを僕自身も経験している。

2017年のことだ。連続講座「企画メシ」は、ちょうど半分の回を終えた折返しのタイミングで「法律の企画」の講義があった。

ゲスト講師は、シティライツ法律事務所の水野祐《たすく》さん。

頂いた課題はこうだった。

「残り6回の企画メシが盛り上がるルールを考えよ」

参加者それぞれにとっての「盛り上がるとは何か？」をもとに企画は生まれていく。

その一部を紹介する。

- 自分たち自身で課題を評価し合う仕組みをつくる。
- 「バディ制度」二人一組になり、課題の進捗報告やアドバイスをし合う。
- 事務局から「おせっかいな指令」を一人ずつ秘密で出し、最終回に公開する。

水野さんの講評にその場の全員がハッとした。

「一人くらい、何も付け足す必要はないと答える人がいても良かった」

「人間は怠惰なので、ルールで締め付ける必要がある反面、ルールを盛り込みすぎると、軍隊化してしまう」

水野さんの言葉に、お題にすぐさま飛びつくのではなく一度立ち止まり、俯瞰《ふかん》して物事を見ることの大切さを痛感する。

その中でも、これは今後もずっと使っていこうという提案があった。

それは「受講生」ではなく「企画生」と呼ぼうという鈴木康平さんの企画。

この場にいる人たちは、受け身で受講して終わるのではなく、この機会を通じて企画していく人なのだから、言い換えましょう、と。

それ以降ずっと「企画生」と呼び、そして浸透していく様子を見てきた。

場を主宰する人間として、参加者が前のめりになる空気を肌で感じている。

そして、企画で生きていくから「企画生」でもあるのだなと。

時間を掛けて向き合っていると解釈の仕方が広がっていくのもおもしろい。

同様の事例として、ディズニーでは働く人たちを「スタッフ」とは呼ばない。「青空を背景とした巨大なステージ」で「ゲスト」である来園者とともに感動をつくりあげていくから「キャスト」と呼ぶそうだ。
「ものは言いよう」という魔法。言い方が変わることで人の意識を変えていく。

言葉を変えて世界を変える

イギリスの広告会社Purple Featherが制作した「The Power of Words」という映像がある。YouTubeでは現在、約2800万回も再生されている。

The Power of Words
https://www.youtube.com/watch?v=Hzgzim5m7oU

あらすじはこうだ。

一人のホームレスの男性が物乞いをしている。

段ボールプレートにはメッセージが書いてある。

I'm blind. Please help.
私は目が見えません、どうかご慈悲を。

しかしながら、道行く人のほとんどは、メッセージをちらりと目にしつつも男性の前を通り過ぎていく。お金を置いていってくれる人はわずかしかいない。

そこへ女性がやってくる。段ボールのプレートを見る。

そして、裏返して、何かを書き、男性の前に置く。

すると、どうしたことだろう。

次から次へと、通行人たちがお金を置いていってくれるようになった。

男性は不思議に思い、その女性に尋ねる。

What did you do to my sign?
僕のプレートに何をしたのですか?

女性は答えた。

I wrote the same, with different words.
同じことを書いたのよ。ただ、言葉を変えてね。

そこに書かれていた言葉はこうだった。

It's a beautiful day. And I can't see it.
今日は素晴らしい日ですね。
なのに私は目にすることができません。

語り掛ける一行目。そこには小さな幸福が語られている。

同じ今を共有していると思えた時、まったくの他人同士であったはずの男性と通行人の心の距離が近づく。次の一文は、ButではなくAndではじまり、それを目にすることができないというメッセージが心にすっと入ってくる。

言葉を変えたことで、共感が生まれ、通行人と男性の心がつながったのだ。

悲鳴だけでは共鳴されない

他人に何かを伝えたいと思う時、あなたの中にはどんな感情があるだろう？　うきうきと心が弾むポジティブなこともあるだろうし、一方で、悲しいことや、辛いこと、なんで自分がこんな目に遭《あ》わなくちゃいけないんだという、ぐつぐつと煮えるようなネガティブな思いもあるのではないだろうか。

「なんで世の中がこうなんだ」という悲しみやフラストレーションは、人を突き動かすエンジンになる。沸き起こる悲鳴を、押し殺してなかったことにはしてほしくない。強い思いを持ってプラカードを掲げてデモ行進をすることだって、存在を訴えかける上で大切なことだ。

ただ、マグマのような燃えたぎる熱い思いを、そのままぶつけても相手は火傷《やけど》してしまう。悲鳴だけでは共鳴されない。

マグマの熱から、みんなが集まってくる温泉の適温にするためには、その感情の奥にある本心を丁寧に丁寧に汲み上げていくことが必要だ。

それは容易なことではない。骨も折れる。時間も掛かるだろう。

それゆえ、わかる人にだけわかればいい！　そう思ってしまうこともあるのではないだろうか。

僕はある。なんでわかってもらえないんだって投げ出したくなったことも一度や二度じゃない。

それでも、言葉をあつかう人である限り、その諦めは封印したい。

すべての表現は自分事化してもらうことを目指しているはず。「伝わったよ」と言ってもらいたくて気持ちを伝えているのだと僕は思う。
すべてに同感を得られるとは思わないけれど、一人の人間が強く思う気持ちの中には、多くの人と共感できる何かがあるはずだと思って考えていきたい。

光の当て方で輝き方が変わる

書くことで人との関係を育てていきたいし、書くことで人と感情を共有したい。
それでは日常の中や仕事の中で、どうやって言葉と向き合えばいいのだろうか？
書き方を模索している時に、この考え方を聞いて僕の心は晴れた。

書くWritingであり、光を当てるLightingでもある。

どんなに絶望的な状況でも、くまなく見つめていけば1%の希望はある。そう信じてみる。だから、あらゆる角度から物事を見てみよう。

光の当て方を探そう。その1%に光が当たれば、そこから生まれる輝きはやがて、じわじわと前向きな可能性を広げていくはずだ。

うまくいかないことが続いて鬱々としてしまい、この世界は歪んでいると思う人は表情もどこか歪んでいる。一方で、やりたいことへの手応えを感じて、この世界は輝いていると思う人の表情は輝いている。

でも本当は、世界は歪んでも、輝いてもいない。

淡々と過ぎていく世界の現実を、僕や、あなたがどんな見方をするかで世界の見え方は変わっていくのだ。

次に、僕たちが選びたい方を選ぶための基本姿勢を考えていく。

ポジティブ眼《がん》を持とう

世界は変換の対象なのだ、と思ってみよう。世界はそう簡単には変えられない。
けれど、受け取り方は、自分の見方次第でどのようにでも変えられる。

もしもポジティブな眼「ポジティブ眼」で世界を見ることができたら?

今はこうだけど、こうすることだってできるよね。
向き不向きはあるけど前向きに捉えるところだよね。
こうやって物事を見れば楽しくなれるかもしれないね。

そんな風に言葉に矢印を込めて提案できるようになれたら…

友達付き合いがうまくいくかも?
仲間づくりがうまくなるかも?
仕事がもっとおもしろくなるかも?
好きな人に振り向いてもらえるかも?
自分自身を勇気付けられるかも?

世界は一変していく。うまくまわりはじめるのだ。
ここで一つだけ言っておきたい。僕は、能天気でいよう、ポジティブ馬鹿になろう、そう伝えたいのではない。落ちていく気持ちも知りながら、上がっていくための気持ちを選べること、それこそが希望を持つ人だと思っている。

3つの接続詞で企画はできる

第3章もいよいよ終盤だ。

矢印を自分でつくるためにどうすればいいか、言葉を企画する考え方を編み出した。

自分の「経験」から「本質」を見つけ出し、そこから「企画」を生み出す。

この企画の思考フレームは、3つの接続詞を使うことで劇的に考えやすくなる。どうか活用してもらえたら嬉しい。

企画の思考フレーム

『**そもそも**それは何なのか？』

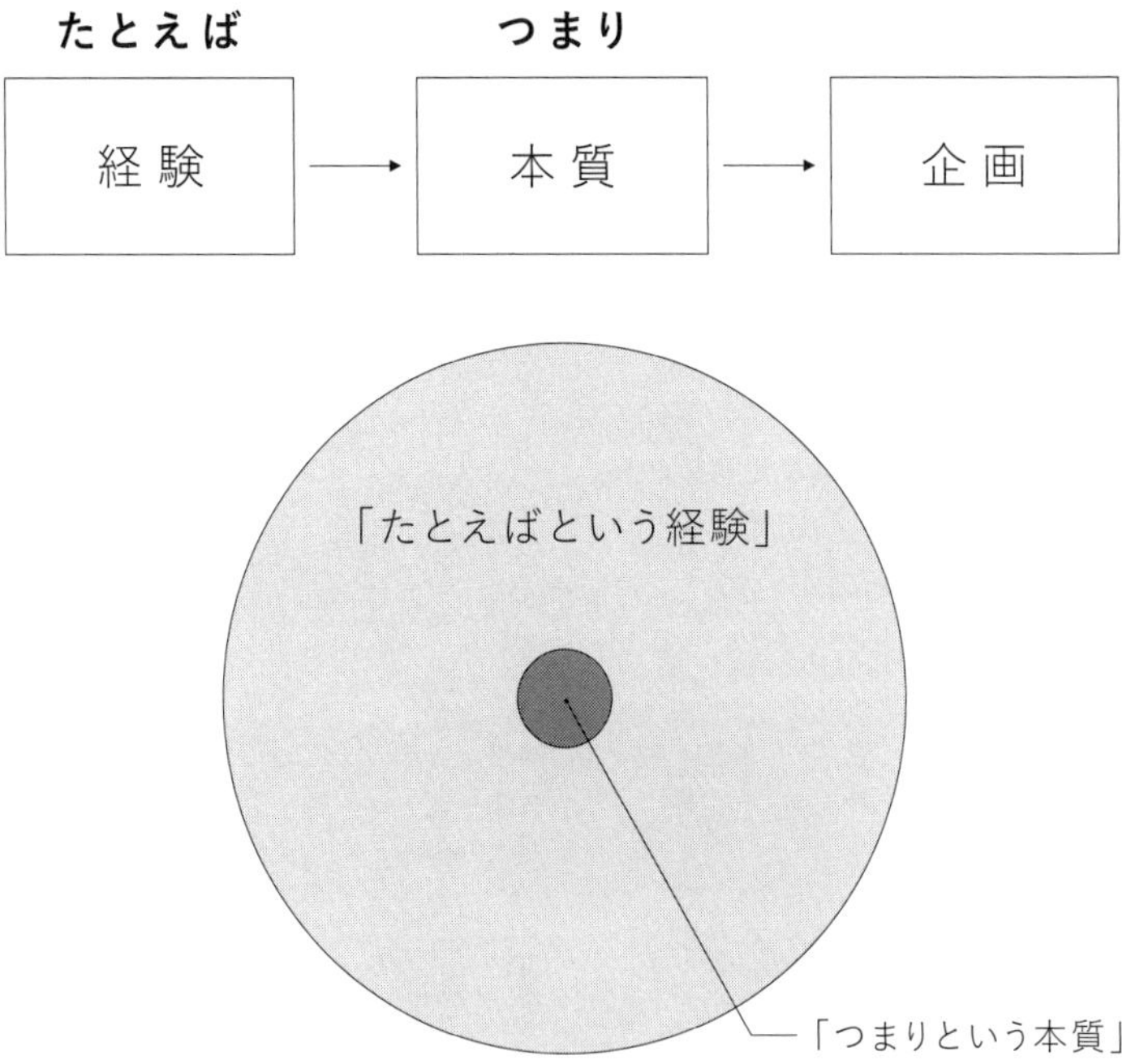
たとえば
つまり
経験
本質
企画
「たとえばという経験」
「つまりという本質」

「そもそも」「たとえば」「つまり」

まず、問いを立てる「そもそも」からはじめよう。

「そもそもそれは何なのか？」を考えていく。

「はじめに」にも書いた「『I LOVE YOU』今のあなたなら何と訳しますか？」

このお題を一緒に考えていこう。


「企画するぞ！」の気合は大切。でも、いきなり闇雲に考えはじめるのはやめよう。いったん立ち止まる。どこかに向かう時に、Googleマップで今いるところを確認するように、現在地を確認するために問いを立てるのだ。

「I LOVE YOU」とはつまり、私からあなたへ「愛」を伝えること。

「そもそも愛とは何だろうか？」。この問いを考えていく。

枕詞《まくらことば》を疑おう

当たり前の中にこそ出発地点がある。そのためにも「枕詞」を疑ってみたい。

枕詞とは、主に和歌に使われる、ある特定の言葉にセットになって付いてくる言葉のことだ。たとえば、「山」という言葉には、登るのに疲れてしまい足を引きずってしまう意味の「あしひきの」が付く。和歌でなくても、言葉に紐づく言葉はある。

春といえば桜だし、夏といえばスイカが連想される。

このように「〇〇といえば△△」と連想される言葉を考えてみる。


「愛」の枕詞は、永遠の愛、無償の愛、掛けがえのない愛…

過去から現在に至るまでの常識の蓄積が、枕詞を生み出している。

時代は変化していく。空気も変わっていく。だからこそ考えたい。

現在から未来に掛けて、本当にそうだろうか?

永遠の愛なんて本当にあるのだろうか?

無条件に永遠なんてあるのだろうか?

疑問を持つことで見過ごしていた前提を浮き彫りにしてくのだ。

「○○的《てき》」を思い浮かべてみよう

次に「たとえば」だ。この接続詞で発想を広げていく。

発想とは、ある「問い」に端を発して、想像を広げていくこと。

「たとえば」という接続詞を用いながら、頭の中のイメージという名の円を大きく大きく広げていく。これは可能性を広げることでもあるので、楽しみながら無責任に考えていい。

考えたいことに「的《てき》」を付けて考えてみると考えやすくなる。

「的」の意味は岩波国語辞典によるとこうだ。

名詞に添えて「〜のような」「〜の性質を帯びた」「〜の状態をなす」などの意を表す。また英語の tic の音訳にも用いる。

難しく考える必要はない。

「○○的」から感じる経験をあなたはとにかく思い出していけばいいのだ。

「アイドルとは何か?」という問いならば「アイドル的」を、たとえばで思い出していけばいいし、「私らしさとは何か?」という問いならば「私的《わたし》」を、たとえばで思い出していけばいい。

ここではこれまでの人生の「愛的《あい》」を「たとえば」を用いながら思い出していく。
たとえば、中学生の時に隣の席の子のことがずっと気になってしまったよな、とか。
たとえば、修学旅行からの帰り道、親が駅の改札前で待っていてくれたよな、とか。
たとえば、一人で食べるよりも二人でご飯を食べる方が抜群に美味しいよな、とか。
これは実体験だけに限らなくていい。本やテレビや映画で見聞きしたことでもいい。
とにかくしつこくしつこく諦めずに思い出していく。

僕ならこんな感じだ。

僕はドキュメンタリー映画が好きでよく見ている。
東海テレビが製作した映画「人生フルーツ」。これは、雑木林に囲まれ自給自足に近い生活を営む建築家の津端修一《つばたしゅういち》さんと妻の英子《えいこ》さんの日常を追ったドキュメンタリーだ。日常を大切に、丁寧に暮らしている二人は、キザな愛の言葉をささやくような関係ではない。無言の時間の方が長いくらいだ。でも、お互いを慈《いつく》しみ、いただきますと静かに言う食卓に、僕は愛のある状態を感じていた。

見聞きすること、体験すること。

僕たちの生活の中にある心が弾むような瞬間を忘れない。

忘れそうならメモる。僕もスマホアプリ「Evernote」に記録している。

思い出すことの中にひらめきがある。

自分なりの本質を定める

最後に「つまり」だ。広げた円から覚悟を決めて絞り込んでいく。

これから向かうべき方向であり、こちらの方が魅力たっぷりですよ、そんな風に言いたくなる本質に旗を立てよう。

僕なりの愛の本質とは、枕詞でもある「永遠」という決して壮大なものではなく、つまりは相手の変化に気づく「発見」だ。

「永遠にあること→発見すること」

愛とはつまり、発見だ。

それが、学校の教室なら相手の消しゴムが落ちたことに気づくことだし、デートに行く時なら相手の新しい洋服に気づくことだし、暮らしの中なら相手の些細《ささい》な体調の変化に気づくことだ。こんな風に「つまり」を用いながら出発地点から目的地に向かう矢印をつくり、言葉に込めていく。

愛とはつまり、無意識だ。それなら「昨日も、夢に出てきたよ」かもしれない。
愛とはつまり、時間だ。それなら「長生きしてくださいね」かもしれない。
愛とはつまり、限定だ。それなら「あなたといる時はお酒が好き」かもしれない。
愛とはつまり、未来だ。それなら「月に行きたいですね」かもしれない。

そもそもで問いを立て、たとえばで無責任に考え、つまりで覚悟を持って決める。
反復横跳びをするように、3つの接続詞を交互に行き来して考えていく。

親子愛。夫婦愛。恋愛…ただ漠然と「愛」を捉えていた僕も、自分なりの本質を定めることができた。

こうして文章にすると、まるで、さらさらと書いているように思われるかもしれないが、安心してほしい、僕はいつものたうちまわっている。最初からうまくいくなんてことはない。

ぐるぐるしながら、出発地点と目的地を定めて、矢印をつくろう。

選ばれるコピーが持っているもの

「I LOVE YOUの訳し方」のワークショップをする時の話だ。

全員が書き終えると、用紙を回収する。そして、ホワイトボードに貼っていく。

一人につき1枚、付箋《ふせん》を配る。

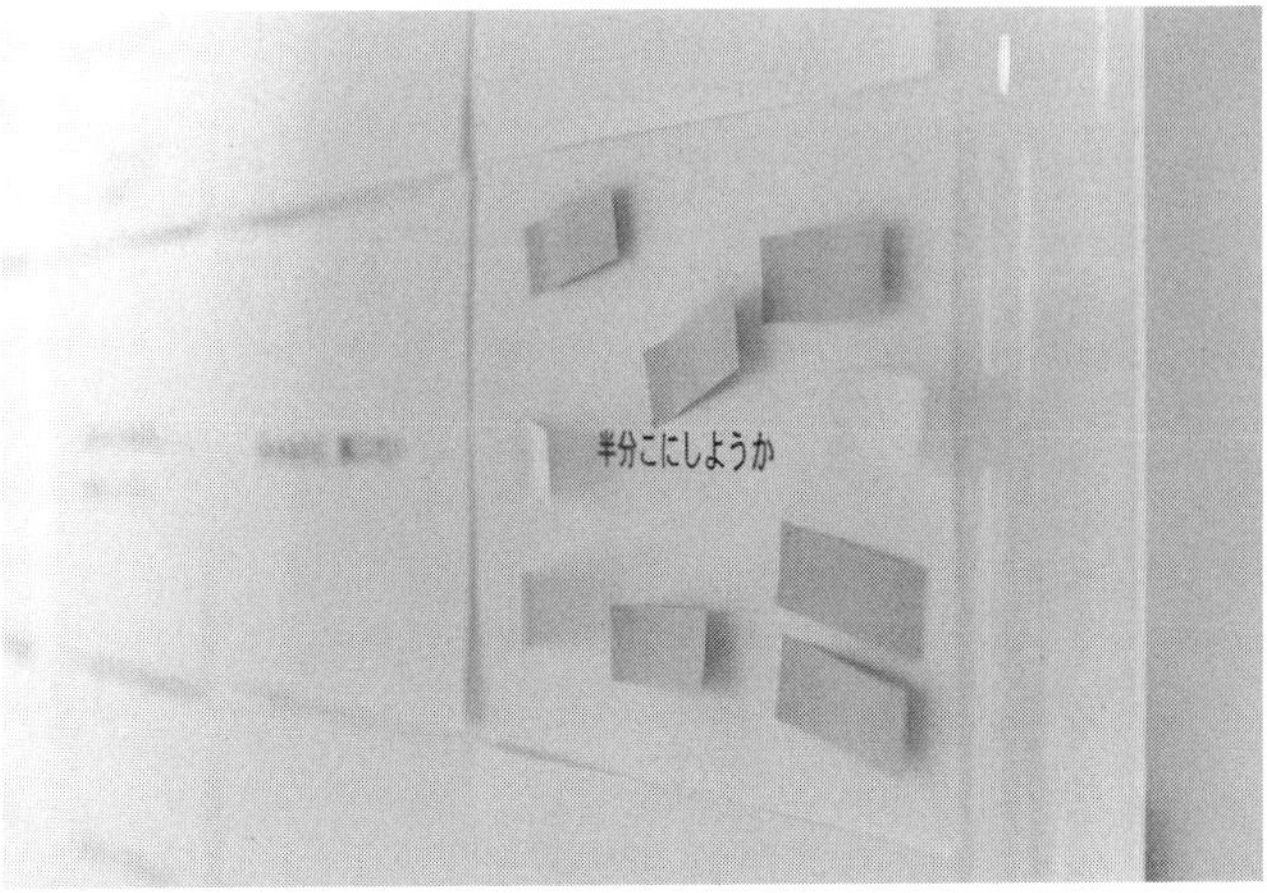

「自分が書いたコピー以外で、伝わったと思うコピーに一票を投じてください」

そう言って全員の案を眺めてもらう。

一人の書き手であり、審査員でもある。みんなの顔を見ていると、自分の書いたコピーが伝わるかどうか、そわそわしているのが見てとれる。

なお、誰が書いたコピーなのか、そこに左右されないよう、用紙の表面に名前は書かないでほしいと伝えている。

目の前で投票をしていくなんて、ずいぶん生々しいやり方とも言える。

講師がいきなり講評するスタイルをどうして選ばないのか？

それは、直《じか》に確めてほしいのだ。一つの同じお題でも、実に多様な答え方があり、自分が良いと思って書いたコピーが相手に伝わるのかを目撃し、選ばれるコピーと選ばれないコピーの違いに思いを馳せてほしいと思っている。

思った以上に票はキッパリと分かれる。

そこにある違いとはいったい何なのだろうか？

「言《げん》外《がい》の情報」があるかどうか

そのコピーを読んで、「あ〜わかる！　自分もそんなことがあった」とか、「その状況にたまらなく惹かれる」とか、なんだか無性にグッとくる時。言葉を受け取った僕たちは、意識の引き出しを開けて、そこからあふれてくる思いを味わっている。

目指すべきは、言うの外にあると書いて「言外」の情報が豊かに含まれている言葉。

言い換えるならば「情景が思い浮かぶ文章」だ。

「I LOVE YOUの訳し方」で多くの票を獲得したコピーを解説したい。

「はじめに」でも紹介した、企画生のヤギワタルさんが書いたコピーだ。

「半分こにしようか」

僕は思い浮かべた。東京・恵比寿にある、たい焼き屋「ひいらぎ」。そこの餡《あん》がたっぷり詰まったたい焼きを半分こにして相手に渡している姿を。頭の方と、尻尾《しっぽ》の方、どっちが好き？　なんて会話まで思い描ける。

人によっては、「いしや〜きいも〜」のメロディーでお馴染みの焼き芋かもしれないし、大阪名物551蓬莱《ほうらい》の肉汁たっぷりな豚まんかもしれない。たとえ他の物だったとしても、この8文字の中に「言外」の情報が詰まっている。

書いたヤギワタルさんはこう話してくれた。

「妻のダイエットしたい気持ちとお菓子を食べたい気持ちの葛藤を普段から肌で感じていたので、このコピーが生まれた気がします」と。実体験は強い。

「半分」ではなく「半分こ」であることにも注目。「こ」というたった一文字が入るだけでも、一つの物を「はい、こっち」と二人で分ける親しげな関係を思い浮かべることができる。

さらには「しよう」ではなく「しようか」。「か」という一文字があることで、押し付けではなく、相手を優しく見つめるまなざしさえも感じる。

「しようね」「しましょう」「しようか」

少しの違いに感じるかもしれないが、語尾はコピーの後味を大きく左右する。そこまで考え抜かれている。

深読みしすぎだろうか？　でも思うのだ、完成されている言葉こそ、さりげなく書かれているようで細かな検証がなされている。イラストレーターであるヤギさんによる、まさに画が見えるコピーだった。

ちなみに、Yahoo! ニュースの見出しは、最大13・5文字だ。今、短い文字数の中で人は瞬時にたくさんの情報をやりとりするようになっている。書き手として限られた文字数の中で、人の記憶をかき立てる言葉を探し続けたい。

そのためには、「これって本当かな」と自問自答することが大切だ。

「コピー」というものを書こう書こうと思いすぎると、人は嘘をついてしまう。

コピーで良く見られる「◯◯は、□□だと思う」という形式や、有名コピーになぞらえた「ぜんぶ◯◯のせいだ」など。ぱっと見は、コピーらしいものになるが、本当の思いや考えが置いてけぼりになってしまうことがある。

読み手はそこにある嘘を瞬時に見抜く。形式だけでは情景が思い浮かぶコピーは完成しない。

書かずに伝えられる言葉がある

この章の最後に、新人の頃の話をしたい。

ある企業の新聞広告をつくる時、先輩たちにまざって制作チームに参加した。新聞広告のテーマは、「夢」。

「よし、夢について コピーを書くぞ」と力んでしまい、夢という言葉が入ったコピーをいくつも書いて打合せの場で次々と発表した。

その後にクリエーティブディレクターに投げ掛けられた言葉を今でも忘れることができない。

「夢という言葉を書かずに夢を伝えるんだよ。それをするのがプロの仕事だろ。当たり前のことを当たり前に書いていたら、お前が書いている意味がないよ」

そうなのだ。その通りなのだ。新聞広告だけでなく、広告は基本、唐突に目にすることが多い。いきなり「夢は叶う」や「夢を持とう」と目にしても、ふーん、よく言われることでしょうと心に触れることなく通りすぎていく。

その時から、書く上での姿勢が変わった。

「I LOVE YOU」であれば、愛と書かずに愛を伝える言葉があるはず。もちろん「愛してる」とストレートに書くことが一番効く時もある。けれど、ダイレクトに書かずとも、お互いに情景を思い浮かべることができればもっと伝わるはずだと言葉を探し続けている。

書ける人になるためにも、僕自身が一人の読み手として、情景が浮かぶ言葉と巡り合えた時、Twitterで「#はっとした」と付けて、なぜそう感じたのかを発信するようにしている。自覚する習慣を身に付けることが書く力を育むと思うし、そこに浮かんだ情景を分かち合いたい思いもある。言葉探しの旅は、一人よりもみんなでした方が、遠くまでいけると思うのだ。

愛と書かずに
愛を伝える、
言葉を探そう。

第4章

感動屋になろう

企画とは感動する仕事

僕が企画の仕事をはじめることになる、その転機の話をしたい。

2008年、僕の社会人生活は人事からスタートを切った。研修があれば、社員に講師を依頼する。施設を借りる時は総務局に依頼をする。エクセルで名簿の管理もするし、机や椅子を並べて会場の整理もする。

自分の役割をまっとうして給料を得るということはこういうことなのかと日々学びながら、新入社員として仕事に向き合っていた。

学生時代にアメリカンフットボールをやっていた僕にとって、アイデアを考えることや企画をする仕事は、どこか縁のない世界で、内心惹かれはするものの、自分がそれをできるかのイメージなんてまったく湧かなかった。

きっかけをくれるのは、憧れを感じるような遠い人ではなく、立場もそう変わらない近くの人ではないかと僕は感じている。

学生向けのインターンシップをアテンドしていた僕は、講義の様子を会場の後ろからビデオカメラで撮影していた。

講師から課題を与えられて、一生懸命にプレゼンする学生たちの姿を撮っていく。自分と2～3歳しか年齢の変わらない子たちが目を輝かせている。

ものすごく羨ましかった。というか嫉妬した。

一人ひとりのアイデアが、聞き手の心を奪っていく、そのことがとてつもなく羨ましかった。プレゼンが終わるたび拍手が起こる。つられて僕も一緒に拍手をするけど心は弾んでいない。手を叩く音が、本音を叩き起こしていく。

あっち側に行きたい。僕はここで何をしてるんだろう。

その時に気づいた。僕は、人生に感動する仕事がしたいんだ。感動して、感動を共有して、一体感をつくる。一体感の「一」、それは一言や一行の言葉から生まれるのではないか。

インターンシップの場は、その場にいた人事の新入社員の心にも火をつけた。そこから、コピーライターになるべく、クリエーティブ試験を突破するための勉強をはじめたのだ。

感動に対する渇きが原動力だった。

翌年の2009年に異動。そこから今までずっと企画の仕事を生業《なりわい》にしている。今、思うのは、企画する仕事とは感動する仕事なのではないかということだ。

他己紹介は感動からはじまる

あなたは、あなたの目の前にいる人・物・事をどんな風に紹介しますか？

第1章で話した「自己紹介」に対し、言ってみれば、ライティングやプランニングやプロデュースは「他己紹介」そのものだ。

あるサービスの広告を企画しようでも、あるアーティストのプロデュースをしようでも、はたまた、ある場所を取材して記事をつくろうでも。

ほぼすべての仕事はどんな風に紹介するかで決まる。


それはつまり、相手のどこに感動をするか？　ということだ。

心を無にして手を動かしていれば終わる仕事もあるのだろう。

いちいちそんな感動するなんて、と斜《しゃ》に構えてしまう人もいるのだろう。

それでも僕は、感動する働き方で生きていきたい。

相手に対して抱いた感動が、自分だけでなく、相手すらも変えてしまう絶大なエネルギーを持っているのだ。

最初のフォロワーになろう

あなたが感動していなければ、それを受け取る人も感動しない。

すべての仕事においてそうではないかと思う。

起業家のデレク・シヴァーズによるＴＥＤのプレゼン「社会運動はどうやって起こすか」を紹介する。

心は共鳴していくものであり、実は受け手の心の動きこそが、大きなムーブメントを起こす鍵なのだ。

デレク・シヴァーズ「社会運動はどうやって起こすか」
https://www.youtube.com/watch?v=V74AxCqOTvg

流れはこうだ。

公園のような場所で、上半身裸の男性が一人踊りはじめる。周囲はそれにどこか奇異な視線を注いでいる。そこに、二人目が参加する。

一人目の男性は、その二人目、つまり最初のフォロワーに声を掛け、二人はさらに元気よく踊り出す。

そして、三人目が入ってくる。一人でも、二人でもなく、三人は「集団」であり「みんな」になる。次々と参加するフォロワーは、最初のフォロワーの乗り方を真似ている。さらに数人加わり、ここからますます勢いづいていく。

いよいよムーブメントが起こる。多くの人が加わるほどに、笑われたり、後ろ指を指されたりするリスクは小さくなる。むしろ、焦りが生じる。今行けば、コアな集団の中に入れるかもしれない。加わらない方が、むしろ損かもしれない。

プレゼンテーターのデレクはこう締めくくる。

最大の教訓は、リーダーシップが過大評価されているということ。

確かにあの裸の男が最初だった。その彼には功績がある。しかしながら、踊りはじめた一人のバカをリーダーに変えたのは、最初のフォロワーなのだと。全員がリーダーになるべきだとよく言うが、それは効果的ではない。

フォロワーシップも重要なのだ。

ついていく勇気を持って、他の人たちにもその方法を示そう。

孤独なバカを見つけたら立ち上がって最初のフォロワーになろう。

僕はこの動画を見て感じた。リーダーでも、フォロワーでもいい。自分自身が何に感動を覚えているのか。その気持ちに正直になろう。年齢も肩書きも関係ない。

その感動こそがすべての原点になる。

一人以上に感動を贈ろう

連続講座「企画メシ」に参加する企画生たちに伝えていることがある。

同じ課題に取り組み、自分自身が精一杯に考えて企画を出したとしても、自分の想像を遥かに上回った企画を出してくる人はいる。

その時に感じる生々しい気持ち。すごいな、やられた、悔しい。嫉妬を覚えるのは、自分の中の可能性が反応している証拠。その動いた気持ちに素直になり、あなたからその人にどうか贈ってほしい。そう伝えている。

これまで生きてきた中で、言葉にしてくれて本当にありがとうと相手に対して思った出来事はないだろうか？

自分のことを言葉にしてもらえて、はじめて気づくことがある。

「阿部さんの笑顔は富士山みたいです」

「言葉の企画」の講義が終わり、一息ついている時に、そう言ってもらえたことがある。嬉しかった。続けて言ってくれた言葉も忘れられない。

「その笑顔を眺めているだけではなくて、どんな景色を見ているのか登ってみようと思います」

感動を贈ろう。贈られた方は、想像以上に嬉しい。

そして、そこで感じた喜びはその先もずっとその人を支えてくれる。

学校でも、ゼミでも、職場でも。もっと感動を贈り合っていい。

せっかく出会えたのだから一人以上に感動を贈ろう、と「企画メシ」では、「感動メモ」という制度を導入している。オンラインで共有することのできるGoogleドキュメント。エクセルのシートに、その講義ごとの感動を書き込み、メンバー全員が見られるようにしている。

30人いれば、学びが30倍になる仕組みだ。

この数年で「自己肯定感」がキーワードになった。

あなたも雑誌やウェブの記事などで目にしているのではないかと思う。

意味としては、自らの価値や存在意義を肯定できる感情のことだ。自尊心にも近い。

「自己肯定感とは何なのか？」

たくさんの人がそれぞれの定義を語っている。

僕はこう思う。自己肯定感とはつまり「感動の蓄積」なのではないか。

好きなこと、楽しいこと、愛おしいこと。自分が日々の暮らしで感じることに対して感動できているかどうか。もしくは他人に対して、感動を贈れているかどうか。

感じたことをオフラインでも、オンラインでも、チームに共有しながら、自分の感情に自覚的になる習慣をつくることは、生きる姿勢すら変えていく。

「企画個性」は対話で磨かれる

自分という存在はどこにあるのだろうか？

実は、他者と自己の間にあるのではないだろうか。

「自分らしく生きよう」というメッセージをよく見聞きするけれど、ぶっちゃけ自分のことがよくわからなくなることなんてしょっちゅうだ。あなたはどうだろうか？

鏡を見てわかるのは、自分の外見だけで、内面までを見つめることはできない。


他人と出会い、対話を重ねて、気づく。

あの人にはあって、自分にはないこと。

あの人にはなくて、自分にはあること。

人の持つ「らしさ」は対話で磨かれる。

自分探しは、つまりは他人探しだ。

他人との出会いを通じて、自分という存在が際立つ感覚。それは企画もそうだ。

「あの人ってこんな企画をするよね」

「あなたらしさが出ている文章だね」

恐れずに、恥ずかしがらずに。そこに感動する何かの感情があるのであれば、伝えて、そして意見を交換してほしい。

自分では当たり前だと思っていたことが、魅力なのだと気づけるかもしれない。

漫画でも、小説でも、作家の個人プレーではなく、編集者との共同作業で名作は生み出されていくのだ。

あなたの持つ「企画個性」は、他者との対話の中で気づき、意識することで磨かれ、そして育てていける。

プロは無意識を意識化する

「氷山の一角」をイメージしてほしい。

海面より上にある、普段見える部分は、実のところ全体の1割ほどにすぎない。そこを人間の「意識」できるところだとすると、海面下の残り9割は「無意識」の領域になる。

感動するという行為は、その無意識が意識に浮上するタイミングだと思う。そこにある感動を見逃してはいけない。そういう時こそ自分の心の中にインタビュアーを置いて自分に取材するのだ。

・その感動からどんなことを思いましたか？
・なぜそのように感じたのですか？

・これまで似たような感動はありましたか？
・親しい人に話すとしたら何と伝えますか？
・SNSで発信するとしたら何と言いますか？

プロとは、無意識を意識化する人である、そう聞いたことがある。

人は忙しい。喜びを感じても、その次の瞬間には、また新しい情報が飛び込んでくる。そしてやがて忘れてしまう。すると再び無意識に沈んでいく。

言葉にすることで意識化を心掛けるぞ、とは言っても忙しい日々の中で後回しになってしまう。だから習慣にすればいいのだ。

僕自身は「Twitter」で「#広告空論」を一日一つ、発信し続けている。

これは、街の中で気になる広告を見掛けた時、立ち止まり写真を撮る。そして、その奥にどんな思考があるのか自分なりに言葉にしてツイートするという企画だ。

無意識に感じていることを、言葉にして意識に引っ張り出し、あちこちの角度から眺めてみる。想像以上に思考のトレーニングになる。

歯磨きをし損ねたらそわそわするように、習慣は体質をつくる。

まずは、感じたことを言葉にするためのあなたなりの習慣をつくってみよう。

現場には5倍の情報がある

人は、自分の体というフィルターを通して何かに感動する。

その機会を増やすためには、物事に触れる量を増やさないといけない。

かつて、作家の寺山修司が「書を捨てよ、町へ出よう」という書籍を残した。

そのタイトルを借りるならば「スマホを捨てよ、町へ出よう」と僕は言いたい。

スマホは便利だ。SNSを開けば「こんな風に感じた」という他人の感情の痕跡をいくらでも見ることができる。もちろん、参考にはなるだろう。でもそれは、あなたの感じたことではないから、鵜呑みにだけはしてほしくない。

自分の体を通して、現場で何を感じるかは行ってみないとわからない。

現場に行こう、自分の体で感じに行こう。

・食べ物の広告をつくるなら実際に食べてみよう。
・場所について記事をつくるならまずは行ってみよう。
・アーティストについて考えるならライブに行こう。

とても当たり前で、基本のことだ。

けれど、忙しい日々に追われて、ついつい、ないがしろにしてしまうことではないだろうか。Wikipediaを見ただけで、参考となるウェブの記事を一つ読んだだけで、調べたつもりになってしまうこともあるだろう。全部が全部、自分の体を通して感じたことだけで構築しきるのは難しいというのもわかる。

でも、体の自由がきく限り現場主義でいたいのだ。

4000万本以上の木を植え、森づくりに取り組み続けている植物生態学者の宮脇昭氏は著書「森の力　植物生態学者の理論と実践」（講談社現代新書）で、若かりし頃、恩師の教授に言われた言葉を書いている。

「お前はまず現場に出て、自分の体を測定器にすればいいのだ。現場で、目で見、匂いを嗅ぎ、舐めて、触って、調べろ」

まさしくこの姿勢だと僕は思った。宮脇氏は現場での圧倒的な体験から、森を見る目が変わったのだと言っている。

スマホに検索ワードを入れただけではわからないことがある。

自分の体をまるごと目にして、耳にして、鼻にして、口にして、手にする。

五感を駆使したら現場にある情報量は5倍だ。行動することでつかみにいこう。

一生懸命のあるところには何かがある

たとえば、普段であれば行かない、自分の趣味の領域とは遠く離れたライブに行ったとしよう。

「現場に行っても何も感じないかもしれませんよね?」

そう言う人もいるかもしれない。僕はこう考えている。

誰かが額に汗してがんばっているところには何かが宿っている。わけもなく、がんばれる人はいない。何か動機があるからこそ、人はそこで汗を流している。

魅力がない人なんていない。

その場に行って、好きになる、嫌いになる、どちらの気持ちになるかはわからない。

そうだとしても、心に風は吹くはずだ。そこで感じることをどうか見つめてほしい。

いいですねとただ言うのではなく、「覚悟のある肯定」をどうすればできるのかと考えてみる。

相手に「私は、私で大丈夫なんだ」と思ってもらえることが理想だ。

現場に行き、そこで感じる心の動きを言葉にするあなたなら、お守りになるような言葉を伝えることができるはずだ。

偶然を必然に変える力

2019年5月18日、連続講座「言葉の企画」の第1回目。

自己紹介の課題に加えて、課題をもう一つ出していた。

「講義内にできる、一生忘れられない経験を企画してください」

課題文に込めたメッセージとしては「そもそも、一生忘れられない経験とは何か?」

この問いから、マイ定義をした上でスタートを切ってほしいという思いがあった。

蓋《ふた》を開けてみると、「一生」という強いキーワードに引っ張られて、非日常に起こるイベントを意識した企画が多かった。

・胸キュンをつくるために告白タイムをつくろう企画
・観覧車全台に乗って記念撮影をしよう企画
・宣言をテープに吹き込んでタイムカプセルをつくろう企画
・子どものように椅子取りゲームをしよう企画
・みんなで本気のだるまさんがころんだをやろう企画

そして、一番票を集めた企画は、産業保健師の立山《たちやま》紫野《しの》さんが考えた、「記念日をつくろう企画」。日常の新定番をつくろうという提案だった。

概要はこうだ。

父の日、母の日があるように「ことばの日」という記念日をつくろう。

講義の初回の日は、5月18日で、まさに、ことばの日。

調べたところ、ネットで「5月18日はことばの日」と言っている人がいるが、日本記念日協会には登録されておらず、非公式。

公式の記念日にするために、この講座に集まるみんなで力を合わせて申請しよう。記念日として定着すれば、毎年、5月18日がやってくるたびに、講座「言葉の企画」のはじまりを思い出すはず。

何よりこの企画が実現すれば、日本中で言葉について考える日になっていく、と。


鮮やかだった。ページをめくりながら、やられたと思った。

課題文を鵜呑みにせず、咀嚼《そしゃく》する。そして、自分の経験と紐付ける。

企画した立山さんには、いつもその日が何の日なのかを調べる習慣があったそうだ。

講義が「5月18日」になったのは本当に偶然。まさかそこに目を付けて、記念日づくりに結びつけるとは想像もしなかった。

実現したいという思いが乗った熱ある提案だった。

その後、有志を中心にプロジェクトとなり、見事、日本記念日協会に正式登録された。そして、今は、文化として広げていくチャレンジをしている。

偶然を必然に変える企画は強い。

運命を感じる企画は、多くの人を巻き込み、竜巻のように大きくなっていく。

この偶然を必然化できないか？　この視点は持っておきたい。

いい企画は誠実さから生まれる

2019年、連続講座「企画メシ」に、バンド「ノーナ・リーヴス」のボーカルである西寺郷太さんがゲスト講師として来てくださった時の話をしたい。

マイケル・ジャクソン研究家でもある西寺さんから頂いた課題はこれだ。

10日間でマイケル・ジャクソンの好きな1曲を見つけて、その理由をA４・１枚でまとめてください。

当日の講評の際、西寺さんが企画生に語ってくださった本音の話が胸に響いた。

「すみません、正直、ちょっとがっかりしました」

静かに口を開いた西寺さん。企画生は、少し悔しそうな表情で前を向く。

「このテーマ、めっちゃ難しかったと思います。マイケルに興味がない、好きじゃないという人も多いだろうし。ただ、興味がないジャンルに対してどう追っていくのか。不条理かもしれませんが、企画を通してその熱意が見たいと思っていました。

たとえば、皆さんが役者だった場合、与えられた役がどんな性格や職業であったとしても、一応全力でやってみますよね？　仮に自分に向いていない、これは自分の土俵じゃない、と思っても、1回は真剣にお題にトライしてほしかった。

企画を仕事にするとなれば、必ずしも自分の得意分野ばかり担当できるわけではない。苦手なものと向き合う時ほど、相手への優しさが求められるのではないでしょうか。今回で言えば、授業に来る僕ですよね。講師のバックボーンや思い、狙いを少しでもわかろうとする。

相手の土俵に入って、まず真剣に戦う姿勢を見せる。僕は皆さんが、自分のエリアから一歩外へ踏み出す姿が見たかったんです」

10日間という限られた時間。マイケルのことだけではなく、西寺さんの仕事も調べて、そこで感じたことを書き上げている人もいた。

そのことに触れて西寺さんが最後に話してくれた。

「もしかしたら、そういう行動って一種のごますりなのかもしれない。でも、企画のプロとして、メシを食うのがこの講座の目標だとしたら、クライアントや会社、個人の思い・歴史をできるだけ細かく知って、そこへのリスペクトや正直な感想を伝えて嫌な気持ちになる人はいないんじゃないか？　と思うんです」

誠実さを持って、相手のことを徹底的に調べる。

なんだ、当たり前のことではないか、あなたはそう思うかもしれない。

ただ、この当たり前のことをやり切ること、そこから自分なりの感動を見つけることで、いい企画は生まれる。

講座で提出する課題でも、仕事で提出する企画でも、ここぞと言う時は、１２０％で返そう。相手の期待を遥かに超えることができたら、それは感動としてずっと残る。

相手と自分の色を重ねる

企画することは感動することであり、その感覚を大切にしてほしい。そう伝えているのは、感動がありさえすれば、必ず自分の色が仕事ににじむからだ。

仕事が順調に進まなくなったり、度重《たびかさ》なる修正が発生したりしてくると「やりたい！」という気持ちよりも「やらなくてはいけない」が勝ってくることがある。するとだんだん主語が、自分から離れていく。「自分がやる」ではなく「この組織にいるからやる」となっていく。

そうなってしまうと、自分の色が薄れていき、仕事に向き合っていくことがしんどくなってしまう。

「ベン図」を覚えてないだろうか？

2つの円が重なっている図形で、数学の時間に出てきたあれだ。

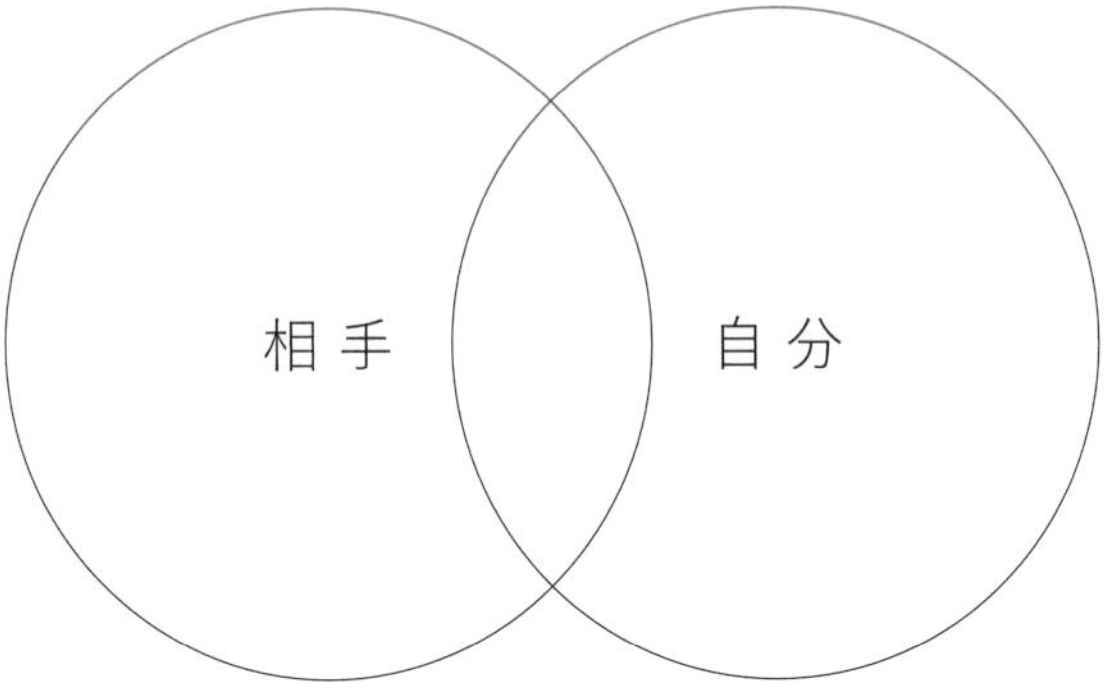

僕は仕事をしている時に、その円の重なりをよく意識する。

自分の色を出そうと言っても、新人の時はそう簡単にはいかないだろう。どちらかというと、相手の色に染まることの方が多いかも知れない。染まって、染まって、そしたら染め返すのだ。

自分と相手が重なる色を出していこうというマインドでいることが、企画をおもしろくしていく秘訣だと思う。

人生はじめての共作詞

はじめて作詞をしたのは2016年のことだ。もともと日本のポップスやロックを聴くのが大好きで、それから機会を求めながら夢中になって作詞に取り組んでいる。

仕事の報酬は次の仕事、と聞いたことがあるけど、本当にそうだと思う。

その翌年、仕事を密にしていた信頼する方の紹介で、シンガーソングライターの向井太一さんと一緒に作詞をすることになった。

一緒に作詞することを、「共作詞」と言う。

作詞には一般的に、詞を先に書き、それからメロディーを付ける「詞先《しせん》」と、メロディーが先にあり、そこに詞を付ける「曲先《きょくせん》」の2つがある。

それでいうと今回は、メロディーがすでにある曲先のパターン。そして、タイトルは「FLY」で、向井さんがすでに考えている歌詞もある状態だった。

自分「だからこそ」を大切に

仕事に取り組む時にいつも考えることがある。それは、コピーライターをしている自分「だからこそ」できることはないだろうか？　ということだ。作詞家一筋の人とは違う向き合い方をする。言葉を企画することをずっとやってきた自分だからこそできることがあるはずなのだ。

取り組む姿勢は、まるきりこの章で書いてきた通りだ。

●過去の向井さんのCDを聴くこと
●インタビューの記事をすべて読むこと
●歌詞を考えるこのタイミングでライブがなかったので

見ることのできるライブ映像にはすべて目を通すこと

●感動をもとに企画を立てて企画書をつくること

「ＦＬＹ」つまりは「飛躍」をテーマにしている楽曲。

僕の感動したポイントは、向井さんの考えていることを深掘りする先に見えてきた、この曲に懸ける思いだった。

自分自身、そして同志に対して活を入れている。

自分らしさとは、言い訳したくなる自分を飛び越えた先にある、と。

そもそも飛躍とは何なのか？

ジャンプしているイメージが真っ先に思い浮かぶけれど、それが飛躍のすべてなのだろうか。

たとえば、で考えたことは、強く身に覚えのあることだった。

毎年、今の自分を変えようとして集まる「企画メシ」の企画生たち。

初回から卒業の日までの半年間で見られる大半の表情は、がんばり方を模索し、葛藤している顔だ。つまり、飛躍するためには、しゃがまないといけないのだ。

ジャンプ↓しゃがむこと

飛躍とは何か？　と問いを立てることで、どこに向かうべきか、矢印を見つけることができた。ただ、そこから何も考えずメロディーに言葉を当てはめていくのではなく、せっかくの「共作詞」なのだからできることはないだろうか、と考えた。

つくり方から企画する

ただつくるのではなく、つくり方から企画することもできるはず。
一般的な作詞の仕方は、このメロディーには、これだけの言葉数が入ると割り振っていく譜割《ふわ》りをしながら考えていく。

「だからこそ」を目指すために、僕はメロディーをいったん脇に置いた。

この曲に対する向井さんの思いを知って、そこに僕がどう心をつかまれたのか、キャッチフレーズを書くつもりで一行目を書いた。

「あがきもがいて飛び越えろ」

このキャッチフレーズをタイトルに、思いの丈を詩にして綴ったのがこちらだ。

ＦＬＹ　あがきもがいて飛び越えろ

阿部広太郎

まわりを見渡し誰かと比べて焦る
もういっそあいつになれたら
そんな言い訳はもううんざりだ

君は知っているんだ

下を見つめても何も起きないことを
踏み出さなきゃ世界は変わらないことを
本当は新しい自分に変わりたいことを

見たい景色があるだろう
叫びたい希望があるだろう
なりたい自分がいるだろう

あがきもがいて飛び越えろ

つまらないプライドは捨てていこう
悔しさや悲しさは越えて行こう
自由におもいきり踏み出そうよ

君の本気はこんなもんじゃない
誰かに甘えている場合じゃない
君はもっと君になれる

この先に新しい日が待っている
今までの自分にサヨナラしよう
大丈夫　新しい君がそこにいるから

あがきもがいて飛び越えて行こう

ここに綴った詩。それは、調べて、考えてたどりついたテーマに呼応するように自分の心からあふれ出てきた言葉でもある。

もちろんただ書きなぐったわけではない。一行ずつ音読してつかえのないように。最後の行に向かうに連れて飛躍できるように。

この詩を向井さんに見てもらい、メロディーのある詞を導いていく。こうすることで、さらにお互いの色が混ざり合い、歌に対する思いの強度が増すと思ったのだ。

完成した曲「ＦＬＹ」では、「あがきもがいて飛び越えろ」が実際にサビになっている。YouTubeでMusic Videoも観ることができる。

前のページの詩を読んだ上で、歌詞を聴いてもらえたらと思う。

飛ぶためにしゃがむ、その意味を知るあなたに響くと信じている。

向井太一 / FLY (Official Music Video)
https://www.youtube.com/watch?v=O5p6MQarj50

この章の最後に、僕が最近感動したことを書きたい。

「聴す」

これを何と読むか、あなたは知っているだろうか？　知った時、僕は驚いた。「ゆるす」と読むそうだ。相手の話を真摯に聴くことを傾聴という。聴くという行為は、相手の存在自体を受けいれることでもある。だから「ゆるす」なのだと。

言葉術と言うと、こちらから相手に言葉を伝えることをイメージしてしまう。でもそれだけじゃない。相手の話をちゃんと聴くことはもちろん、自分自身の内なる思いを自分でもちゃんと聴くこと、これも立派な心をつかむ方法の一つだ。

どう受け取るかが自分らしさになる。感動屋になるということは、「聴す」ことの連続だ。自分の素直な感情をちゃんと抱きしめてあげること。そこから自分の色が生まれるし、温度のある言葉が生まれていく。このことをずっと忘れずにいたい。

感動を贈ろう。
そこから企画は、
スタートする。

第5章

名付けの力

名前は思いを背負う

僕たち一人ひとりには自分の名前がある。

当たり前のことだけど、生まれた時に、自分で自分の名前を付けることはできない。

その名前になった理由は、親の祈りや、願いが込められているかもしれないし、響きや画数が良かったのかもしれないし、あるいは親族の名前にちなんだ言葉が由来しているのかもしれない。

名前があることは、一人じゃないことの証しであり、僕たちの名前は人の思いを背負って存在する。

「世界で最も心地よく響く呪文は自分の名前である」

こんな言い伝えを聞いたことがある。

親しい人から自分の名前を呼んでもらえるのは嬉しいものだ。

一方で、神話や寓話の世界では、本名を知られることはタブーだ、という話も出てくる。相手の支配下に置かれ、お願いや命令を断れなくなってしまうから、と。

あなたのまわりにもいないだろうか？

心をつかむのがうまい人は、名前を覚えるのが得意だし、相手の名前をよく呼んでいる。その他大勢ではなく、名指しにされると僕たちの心は反応してしまう。

名前とは何か、そして名付けの力について第5章では考えていきたい。

商品名、曲のタイトル、サービス、場所、スペースの名称、書籍や企画書の題名。名付けることを「ネーミングの方法論」なんて言ってしまうと、そこに特別な技術が必要な気がしてしまうけれど、人は誰かの子である限り、名付けという行為をすでに体験している。

では、今度は名付ける側としてどうすれば忘れられない「名前」の付け方ができるのか考えていきたい。

なぜ名付けるのか？

大量生産・大量消費の時代で「もの」があふれている。その結果、「名前」すらもあふれかえっている。だからこそ、「なぜ名付けるのか？」という問い掛けは、名付けに思いを宿すための手掛かりとなる。

いきなりネーミングを考えはじめてはいけない。「そもそも」から考える。それは名付けも一緒だ。言うなれば、そこにある「意志」を確かめたい。

「その商品はどうして誕生したか？」
「なぜ世の中に必要とされるのか？」
「どんな役割を果たしていくのか？」

そこにある「意志」こそが、名付けの土台になる。

名付けには、人・物・事の輪郭をはっきりさせ、生命力を与えていく力がある。人に知られ、口の端に上り、あちこちの会話に登場する。言葉が一人歩きし、存在感が生まれていく。

名付けをする際に、対象の奥底にある意志を意識したい。

いい名付けには必ず「意志」がある

イメージを具体的につかむために、僕の仕事を例に紹介していきたい。

2016年の2月、恵比寿でスタートした「恵比寿じもと食堂」の名付けを担当した。恵比寿新聞の編集長・高橋ケンジさんから相談されたのがはじまりだった。

現在、月に2回、渋谷区恵比寿にある「景《かげ》丘《おか》の家」で、地元の方々が一緒にごはんをつくり、参加費500円で食事を提供している。

いわば「子ども食堂」である。

ニュースで見聞きしたことがある人も多いと思う。一人親の家庭や、共働きの増加で、子どもが一人でごはんを食べる「孤食」が増えていること。そして、経済的な事情で満足な食事がとれない子どもたちに向けて安価で食事を提供する取り組みが子ども食堂だ。現在、さまざまな地域で活発に行われている。

「恵比寿に子ども食堂をつくりたい！」と思った末岡真理子さんが高橋編集長と出会い、高橋編集長が名付けの相談を僕にしてくださった、という経緯だった。

そのまま名付けるのであれば、「恵比寿子ども食堂」でもいいはず。

それではなぜ、僕に名付けのバトンが回ってきたのか？

手渡されたバトンをじっと見る。そこには何か意味があるはずだ。

僕は、お二人の「意志」を知ることからはじめた。

調べられることはしっかり調べる。

直接、会って話を伺うのが一番ではあるが、肝心なことはすでにどこかで語られていることも多い。インタビュー記事や、本人のSNSでの投稿など、ネットで探せば、大抵のことはわかる。

高橋編集長や末岡さんのFacebookでの投稿を読み、わかったことがあった。

つくろうとしているのは「子どもの貧困をなくすための場所」ではなく、「21世紀型のご近所付き合いをする場所」だった。

ご近所付き合いは、機会がなければなかなかつくれない。

だからこそ、昔の長屋のように近くに住む人同士で知り合って、親も子も一緒に食卓を囲んで、隣近所の関係性をつくれる場にしていきたい、という思いがあること。

特に、2011年の東日本大震災の時、日中、子どもと連絡が取れなくて、地域で連携を取れていたら良かったと痛切に感じた、という話も伺った。

お二人の思いに触れた時、はっとした。

「子ども食堂は、地域の人間関係に灯りをともしていく場所でもあるんだ」と。

取り組みの根底にある意志に触れたからこそ、名付けの「核心」をつかむことができた。そこから決まった名前が「恵比寿じもと食堂」。

僕のプレゼンはこうだった。

子どものため→地元のため

お二人がこれからやろうとしていることは「地元」をつくる活動なのではないか、と。「地元」というと、自分が生まれ育った街のことを一般的に指す。けれど、今住んでいる街で、声を掛け合える顔馴染みの人がどんどん増えていけば、そこはその人にとって帰るべき地元になるはず。

親も子どもも一緒に食卓を囲んで、顔馴染みになり、「地元」をつくっていく。だからこそ「恵比寿じもと食堂」なんです、と。

名付けとして漢字の「地元」ではなく平仮名の「じもと」にしたのにも理由がある。人は言葉を耳だけではなく、目でも認識している。

「恵比寿地元食堂」でも、意味はもちろん通るが、連打するように漢字が続くと固い印象も出てしまう。「恵比寿じもと食堂」と、平仮名で書いた方が柔らかさと親しみやすさも出て、目で見た時にも気持ち良い。

いい名付けには必ず「意志」がある。根底にある思いに触れた上で考えること。そして言葉を仕上げる時は、見た時にどう感じるかまで心を配りたい。

身のまわりの事象を名付けてみる

2016年、「企画メシ」のゲスト講師に、コラムニストの犬山紙子さんが来てくださった。その時に頂いた課題がこれだ。

「あなたの身のまわり（仕事・趣味・家庭など）でよく見掛ける事象に名前を付けてください」

名付けるという行為は、共有することでもあるのだ。僕自身、この課題に取り組みながらそう感じた。気になること、違和感を覚えること。名付けることによって、「確かに！　あるある！」と共感が広がっていくのだ。

全員の名付けを、書いた人の名前を伏せて貼り出す。そして、一人一票を持ち、「これはまさに！」と思う名付けに投票をしていく。

最高得票数を獲得したのがこの名付けだった。

飲み狭間の戦い

名付け：丸橋俊介

「飲み狭間の戦い」

飲み会でちょうど真ん中の席に座ってしまい、左右どちらのグループの会話に入ったらいいか悩む様子。

あるある、と心の中で僕も大きく頷いた。この名付けに対して、一人ひとりに心当たりがあったのだろう、名付けの解説をしてもらった時に会場がどっと沸いたことを覚えている。この名付けがあることで、飲み会で葛藤を覚えた時、「ああ今、自分は飲み狭間で、この戦いは自分だけじゃないんだ」と、気持ちが軽くなる。

あてじぃ

そして僕は、こんな名付けをした。

「あてじぃ」

「仕事」を「志事」に。「親友」を「心友」に。「起業」を「輝業」にしたり、「ありがとうご財増《ざいま》す」や「顔晴《がんば》る」としたり、過度な「当て字」をしたがるおじさんのこと。

講義中に、もっと伝わる名付けがあるかもしれないと、意見を出し合いブラッシュアップをした。そしてこの名付けになった。

「漢違い」

漢違い

「勘違い」と「漢字」の「漢」を掛け合わせている。音の響きとしては気持ちが良い。けれど、これ自体がまた「当て字」になってしまっているジレンマもある。

伝えたいことがそこにあっても、この通り、名付け方一つで印象ががらりと変わっていく。より伝わる名付けをするためにはどうしたらいいのだろう。

それから3年間、この身のまわりの事象に名前を付ける課題を企画生たちと探求し続けてきた。そこでつかんだポイントをここに記したい。

最低限押さえたい3つのポイント

①名付けられていないか

もしもすでに名付けをされている物・事であれば、その名前でいいと思うのだ。

たとえば、ライザップを体験したのに、元の体型に戻ってしまう。そのことを、サイズアップしたことから、「サイザップ」という名付けをしたとする。

でも、それはいわゆる「リバウンド」だ。もちろん、この新しい名付けでどうしても呼びたいという強い気持ちがあればいい。

ただ、すでにその現象に対しての名付けがある限り、聞き手は「それってリバウンドってことかな?」という思いが芽生える。

なので、すでにその現象に名前が付いている場合は、上書きする確信がないなら、名付けをしなくてもいい。

そして、名前を考えたら、ぜひGoogleで検索してみてほしい。すでに使われていたら、言ってはいけないということではなく、その場合、どんな風に言われているのかを確認する。その上で、なぜわざわざそう名付けるのかまで考えたい。

②本当に言うのかどうか

名付けたからには、その状況に直面した時に、自分がずっと使っていく覚悟を持ちたい。覚悟というと重たいかもしれないが、その名付けを愛用していくイメージが持てるかどうかだ。

本当に自分で使いたいのか？

それは呼びたくなるものか？

口に出して違和感がないか？

改めて自分に問い掛けてみよう。その名前を生み出した一人目として、まず自分が言い続けていけば、周囲にじわじわと伝わっていく。

どうだろう？　と問いを重ねることで、より一層鍛えられた、強いネーミングになっていくはずだ。

③短く強く呼びやすく

「じゅげむ　じゅげむ　ごこうのすりきれ　かいじゃりすいぎょの…」

あなたはこの言葉を聞いたことはないだろうか？

生まれた子どもにめでたい名前を付けようとして、お寺の和尚に教えてもらった縁起の良い言葉を、すべて並べて子どもの名前にしてしまったという、古典的な落語の噺《はなし》である。

「じゅげむ」までは覚えていても、全部をちゃんと言える人は、ほぼいないはずだ。何度も口で読み上げて暗記しなければ覚えられない。

ちなみに、その子どもはすくすく育って腕白小僧になる。近所でケンカをし、殴られてこぶをつくった子どもが父親に言いつけに来る。親子のやり取りの中で、その長い長い名前が繰り返される内に、こぶが引っ込んでしまったというのが落ちだ。

じゅげむは極端な例だが、長いことで会話のキャッチボールに時間がかかる。

その逆で、短いことで、速さが出る。言葉として流通力が上がる。

短さの上に意識したいのが、「読みやすさ」と「呼びやすさ」。

あなたも漢字で読み方に迷うことはないだろうか？

他人事は、「たにんごと」ではなく「ひとごと」と読む。

重複は、「じゅうふく」ではなく「ちょうふく」と読む。

慮るは、「おもんばかる」ではなく「おもんぱかる」と読む。

「あ、これどっちだっけ」と、迷いが生じた瞬間に、人は呼ぶことをためらってしまう。それゆえに浸透していきづらい。

その名付けは、読みやすさと呼びやすさを考えているだろうか。

短さを意識した上で考えておきたい。

記憶に残るための5つの法則

ここからは、100案以上もの名付けを検証する上で、編み出した名付け方における5つの法則を、具体的なネーミング案とともに紹介したい。

①異なる単語を組み合わせる

2つの異なる単語を組み合わせることで、新たな意味を持つ単語が生まれる。

以前、図書館の名付けを担当した。

その図書館の本棚は、街の人の寄贈でできあがる。ただし、読み終えた時に、これは人にもおすすめしたいと思える本限定だ。そして、本の最後のページにカードをはさむ。そのカードに感想を添えて本棚へ。感想がまるで伝書鳩のように人と人をつないでいく。

そこに書かれた感想がきっかけとなり、次の人の手に渡り、読み終えたらまた、感想を書き加えていくのだ。言うなれば、手書きという温度感のあるレビューが、その本の巡りを良くしていく仕組みだ。

そのコンセプトを念頭に置きながら考えたネーミングがある。

- **感想文庫**
- **文通文庫**
- **愛読文庫**
- **想像文庫**

提案した中から選ばれたのは「感想文庫」だった。

「のりしろ」が良かったのだと後から気づいた。

ここではどの名前も、2つの単語「A×B」でつくられている。

感想文庫

基本的に、新しい単語には、異物感がつきまとう。

それが受けいれられて徐々に当たり前になっていくわけだが、言葉と言葉が重なる「のりしろ」があることで、馴染みやすくなる。

「感想文」と「文庫」。

誰しもが一度は書く体験をしたことのある「感想文」。馴染みのある言葉の後に、のりしろの「文」が効き、「感想文庫」と読んだ時にすっと心地よく入ってくるのだ。

名付けをする際に、そこにある特徴を書き出す。そして、異なる単語同士の、のりしろを意識しながら組み合わせられないか考えてみよう。

②みんなが知る強い文脈を

歴史的な事実や故事成語やことわざを引用する法則だ。

みんなの知る強い文脈を活かしつつ、1文字ずらしたり、単語をずらしたりすることで、力強い響きが生まれる。

顔や二の腕、お腹周りのたるみをなんとかすべく、夏前に急いでジムに駆け込む女性の様子。毎年のように『夏までに◯kg』とつぶやくのが特徴。

この事象の名付けを、「飛んでジム行く夏の女子」。

飛んでジム行く夏の女子

（飛んで火に入る夏の虫）

名付け：原田龍

ベースにあることわざは、「飛んで火に入る夏の虫」。

明るさにつられて飛んで来た夏の虫が、火で焼け死んでしまうことから、自ら進んで災いの中に飛び込むことのたとえ。

「火に入る」を「ジム行く」に、「虫」を「女子」にして完成。

僕はこの名付けを見た時に、言葉のもじり方が見事だなと思った。「飛んで」が、駆け込む情景を想起させて、薄着になる夏に、急ぎ足で行く姿もイメージすることができる。

創作をする上で、新しい流れを一からつくるぞと意気込むのも素晴らしいが、すでにある流れに乗ることも一つの手。

故事成語やことわざは、脈々と受け継がれてきた人類の資産でもある。

伝えたい内容が固まった時、すでに市民権を獲得している言葉の響きを引用しながら、伝えたい事象の方に言葉をずらしてみよう。

そうすることで、伝わるスピードが速くなる。

③見立てて名前を付ける

これは、「ビジュアルの印象」を起点にする法則。

伝えたい事象の状況は、このかたちに似ているなと見立てて、名付けていく。

講演会やトークイベントなどの質疑で、一人が手を挙げるまで時間がかかるけれど、そこから一気に増えてタイムオーバーになること。

第５章

しつもんニョッキ

名付け：村上美里

この事象を、「しつもんニョッキ」。

「ニョッキ」というのは「たけのこニョッキ」ゲームのことだ。

参加者は向かい合い、「たけのこ、たけのこ、ニョッキッキ！」の掛け声でゲームをスタートする。みんなは、地上に伸びるたけのこになる。

手のひらを合わせて、たけのこが伸びるような仕草をしながら、順番に「1ニョッキ」「2ニョッキ」と宣言していく。

誰がどの順番で宣言するかは決まっていない。各々のタイミングで声を出し、他の人と被ると負け。また、最後まで宣言できなかったプレイヤーも負けになるゲームだ。

詳細に説明したのは情景を共有したかったから。

講演会の質疑応答の時間、最初にしーんとしてしまうあの状況を多くの人が体感したことがあると思う。一人手を挙げると、待ってましたとばかりに続々と手が上がりはじめて、タイムオーバーしてしまう。

あの状況を、まさかニョッキゲームに見立てるとは。

驚きのある納得感があった。


見立てる名付けの強さは、受け取る方は、頭の中でその情景を思い描けることにある。人は、自分の脳に汗をかいた出来事は忘れにくい。

伝えたい事象があった時に、ビジュアルで捉えた時に、どんな状況と似ているのか、見立てることができるのか探してみよう。

④すでにある名前に違う意味を持たせる

言葉の意味は一つではない。

この名付けは、すでに世の中に存在する名前に、新しい意味を持たせる法則だ。

人数の多い飲み会で、席が遠いがゆえに、乾杯に行けない人への乾杯したい気持ちのこと。


この事象の名付けを、「ワイファーイ」。


すでにある名前はもちろん「Wi-Fi」。無線で通信する端末が、お互いに接続可能になる規格を指す。当然ながら、飲み会とは無関係である。

でも、僕がうまいと思うのは、遠い言葉に思えても、近い意味合いをちゃんと見つけていること。Wi-Fiには、ネットワークにつながることで「遠くの人に届く」とい

ワイファーイ

名付け：定作沙紀

う意味合いがある。

飲み会の場でグラスをカチンと鳴らして乾杯するのも、つまりはその相手とつながりたいからだ。

カタカナの「ワイファイ」を、「ワイファーイ」と、長く伸ばす音引きを加えている。思いの強さが増す工夫になる。

遠くの席の人に、乾杯したい思いを伝える上での「ワイファーイ」は伝わる名付けになっているなと感じる。

ここまで書いて思うのだが「カンパーイ」でも良いのだ。

ただそこであえて、「ワイファーイ」とお互いに言い合うことが、仲間意識を高めることにつながるのだろう。
名付けをする際に、まったく新しい名付けをしなければと意気込むのもありだが、すでにある名前に違う意味を持たせる方法も頭の片隅に置いておきたい。

⑤真逆の言葉を同居させる

一つの言葉の中に、「違う矢印」を持つ言葉を同居させると、その言葉の奥行きが広がる。僕が以前、企画したテレビ熊本の番組のサブタイトルにこう名付けた。

「優しい衝撃をもたらすダイバーシティ」

「衝撃」という言葉には言わずもがなで激しい響きがある。そこに、「優しい」という形容詞を付けることによって、短いフレーズの中に真逆の言葉が同居する。受け取る方は「どういうことなんだろう?」と、イメージを膨らます。どんな衝撃

未知との対話

優しい衝撃をもたらす
ダイバーシティ

がそこにあるのだろうかと気にすることで、周囲を惹き付ける引力が出てくる。

綱引きをしている時に、綱に熱がこもるイメージだろうか。引っ張り合うことでエネルギーを持った名付けになる。


次のページを見てほしい。

「進撃の老人」も同じ法則だ。

この名付けは、「②みんなが知る強い文脈を」から、大ヒットした漫画「進撃の巨人」を引用し、「巨人」を「老人」にしている。

ずんずん進む「進撃」のイメージと、ゆっくりとした動作を思い浮かべる「老人」

進撃の老人

名付け：松本 彩

のイメージが引っ張り合う。それにより、なりふり構わず進む老人かな？　高速で動く職人的な老人かな？　通常であれば相容れない言葉が同居することで、想像が広がっていくのだ。

事象の名付けだけに限らない。

この法則は、本のタイトルや、ネット上の記事のタイトルでもよく使われている。タイトルを考える時に、真逆の矢印を含めるようにできないかなと考えると、思いも寄らない化学反応を生むことができる。

対象への敬意を忘れないこと

名付けを行う際の姿勢について話したい。

名付けには力がある。それゆえに気をつけたいことがある。

繰り返しになるが、名付けという行為は、言葉に生命力を与える。

あなたはこんな言葉を耳にしたことはないだろうか？

「言葉は言霊《ことだま》だからね、そのまま返ってくるよ」

スピリチュアルな匂いも強い。けれど、自分の発する言葉を一番聞いているのは確かに自分なのだ。

ひどい言葉を発すれば、最初に傷つくのは自分だ。

嬉しい言葉を発すれば、最初に救われるのは自分だ。

言葉の犠牲者になるか、言葉を救世主にするか。言葉だけは裏切らない。体から発した言葉が、自分と相手に何らかの影響を与えていくことは避けて通れないのだ。

何を名付けるか？

それは僕らが決めることができる。たとえば、あだ名。本人が望まないあだ名なんて、聞くたびに気分が落ちてしまう。ネガティブな名付けをわざわざして、広めることはしなくていい。対象への敬意を忘れてはいけない。

どうすればポジティブな思いを込められるかを考え続けたい。まずは、誰かに話してみるのもいい。プレゼンしてみるのもいい。ある程度かたちになったら、一度自分の考えている名付けを伝えて反応を見ることをおすすめしたい。もちろん、名付けがどう世の中で受けいれられ、転がっていくのか。好かれるのか、そっぽを向かれるのか。それは、実際に世の中に出してみないとわからない。反響をみながら丁寧に検証を続けていこう。

名付けは育てていくものだ

一生を通じて人が洋服を選び続けるように、よりフィットする言葉を纏《まと》うことはできないかと僕は日々考えたい。

名前がその物や人の性質や実体をよく表すということを「名は体を表す」と言う。人の名前で言えば、僕は「広太郎」という名前だったことで、結果的に広告会社に就職し、そして働いている。肩書きの名前で言えば、こんなことがあった。

コンセプトに基づきビジュアルデザインを考えるアートディレクターという仕事がある。まだなったばかりという意味で、「アートディレクター（たまご）」と名乗っていた後輩が、プロフィールの「たまご」を取ってから、どんどんいい仕事をして、そしてしゃんと胸を張って働いているように感じたことがある。

名前は人に影響を与える。だから、もしも言葉と体が離れてきているなと思ったら

「名から体を変える」を試みてもいい。この章で書いてきた名付けの法則から、自分オリジナルの肩書きをつくってもいい。出世魚のように肩書きを変えてもいいのだ。

とはいえ、一度決めたら簡単に変えられないし、今の名付けに愛着もあるだろう。大丈夫、名付けははじまりにすぎない。名付けた後から、そこにある意味合いを育てていけばいいのだ。


２０１９年に結成５周年を迎え、２０２０年の春に高校を卒業するフォークデュオの「さくらしめじ」の楽曲の作詞と、５周年を記念したコピーの制作に携わった。

「さくらしめじ」という一度耳にしたら忘れられない名前がとても良いなと思った。ライブを観に行ったり、打合せをしたり、だんだん二人の持つ雰囲気がつかめてきた。さくらのような明るさもあれば、しめじのような暗がりもちゃんとあって、そのどちらもが混ざりながら、人の気持ちに寄り添う音楽を届け続けている。

まさに名は体を表すと感じた。

この名前をもとにしてコピーをつくりませんか、という提案をした。

スタッフの皆さんが「さくらしめじ」と名付けて、その思いを背負って、すくすくと大きくなっている二人の今の「らしさ」を言葉にして、ファンの皆さんとも分かち合っていきませんか？　と。

さくらのような日なたの気持ちも
しめじのような日かげの気持ちも
揺れ動く心に寄り添う音楽を届ける
フォークデュオ「さくらしめじ」

プレゼンをした時に、スタッフの皆さんに「そうです、そういうことなんです」と言ってもらえたことも、コピーが世に出た時にファンの皆さんからも「魅力がぎゅっと詰まってる」と言ってもらえたことも本当に嬉しかった。

同時に思った。名付けは育てていくものでもあるのだ。

僕たちは「名付け親」になれる。そして、「育ての親」になることもできる。
愛を持って敬意を忘れずに向き合えばきっといい名付けが見つかる。

名付けは、言葉に生命力を与える。

第6章

SNSで発信しよう

鍵を掛けていたあの頃

恥ずかしくて恥ずかしくて仕方がなかった。

コピーライターになって3年が経った2012年の頃だ。

僕は、自分のTwitterのアカウントに鍵を掛けていた。

友人や知人ともつながっているから、つぶやきはする。

でも、フォローのリクエストを知らせる通知が来ると放置してしまっていた。

Twitterで積極的に発信している今の自分からすると考えられないことだが、当時はかなり閉じていた。そして、そのことに対して疑問も持っていなかった。

転機になったのは、友人から言われたこんな言葉だった。


「なんで鍵を掛けてるの？

表現したり伝えたりする仕事をしてるんだよね？
オープンにすればいいのに。見たい人いるんじゃないかな？」

核心を突くような言葉ほど、さりげなく投げ掛けられるのはどうしてだろう。
「そういえば」という相手の気軽さに対して、うまく答えられなくて動揺した感覚が今でも心に残っている。

「いや、恥ずかしくてさ」

表面にある気持ちを答えるのが精一杯だった。そんな恥ずかしいなんて言う割りに、僕自身の心の中にギラギラと燃える、誰かに見つけてもらいたい、ここにこんな書き手がいると知ってもらいたい、そんな行き場のない思いも、友人にはバレていたのかもしれない。

何でだろう?
何で鍵を掛けているんだろう?
僕は何に鍵を掛けているんだろう?
泣きたいでも、笑えたでも、悔しいでも、悲しいでもいい。
こんなことがあったとあなたに伝えたい、届けたいという意識。
それを阻む、他の人にどう見られるかなという恥ずかしさ。
いわゆる自意識とも呼ばれるもの。
どちらに重みがあるのか天秤に掛けた。
何でわざわざSNSをやるのかその理由を言葉にしたかった。

それはやっぱり、言葉で人とつながりたいからだ。
まだ見ぬ友人と言葉をきっかけに出会いたいからだ。
好きな言葉で生きていきたいからだ。

しばらくしてTwitterの鍵を開けた。

自分の名前を出し、アイコンを顔写真にした。

「Twitterはもちろん、Instagram や Facebook での発信を意欲的にしはじめて数えきれないほどの出会いがあったし、文章や写真を発信できる note でも書き続けたから、こうして本を出版するという縁にもつながった。

気づいたことがある。

SNSは、自分を増やす手段でもあるのだ。

今こうしている瞬間にも僕のSNSアカウントを見てくれている人はいる。少なくとも一人はいる。

自分の代わりに他人と出会える。それが発信するということなんだ。

あなたに念押ししておきたい、鍵を掛けることも自由だ。僕の場合は、「鍵を掛ける」その気持ちが定まってなくて、友人の言葉にドキッとして、開く転機になったということだ。

全国各地へ、コピーの講義に行くと相談されることがある。

「発信するのってなんだか恥ずかしいんですよね」

書きたいことがありそうな表情をしているのに、そう言ってなかなか踏み出せない。

「恥ずかしがらずに書いてみましょう。あなたの考えていることは、誰かにとって宝物になるかもしれないですよ」

そして僕自身の経験からこう伝えるようにしている。

どうせ誰も見てないと思って思い切り書きましょう。

きっと誰かが見てくれてると信じて書き続けましょう。

noteでも、アメブロでも、LINE BLOGでも、その他のSNSでも。

今からする話は、どうやって文章と向き合えばいいのかの話だ。

背中を押したい。
一度でも思いを文章で伝えたいと思ったことのあるあなたへ。

「白紙」には無限大の可能性がある

書きたい気持ちに火がついた。
よし書くぞ、と書きはじめてみたものの、完成までなかなかたどりつかない。
書ける気はするのに、するのに、するのに。
書き掛けの下書きだけが増えていく。
もやもやが頭の中で残り続けて憂鬱《ゆううつ》な気持ちになる。
そんなことが僕にはある。
文章を書くのって大変だし、苦痛だし、正直楽しいことだけではない。

正解がないから難しいし、長時間椅子に座っていると肩と腰もしんどくなる。

でも、だ。

人が書きたいと思い至るのはいつも、どうしようもなく「心が動いた瞬間」なのだと思う。そう、感動がある時だ。

自分から沸き起こる感情を言葉にしていくことで、思いを明確にできる。

書いた文章から、新しい出会いが生まれたり、人に喜んでもらえたりもする。

書くのは大変だけど、あなたの言葉を待っている人がいる。

白紙には何もない。でも、そこには無限大の可能性があるのだ。

第一読者は自分、第二読者は最初の相手

そもそも、僕たちは誰に向けて書いているのだろう。

書く時に「ペルソナ（読者像）は誰か考えましょう」と言われることがある。

僕はそうは思わない。書くのはまず自分のためでいい。

「一番大切にすべき読者は自分だ」と思うのだ。その文章の中に自分の喜びがあるかどうかがとても大切。コピーライターの先輩、田中泰延さんが、著書「読みたいことを、書けばいい。」（ダイヤモンド社）でもそう伝えている。


誰かに何かが届く時、その広がり方は同心円状だと思うのだ。最初は小さくても、じわじわと円は広がっていく。その中心には間違いなく自分がいることを忘れてはいけない。


第一読者は自分。だからまずは、自分自身が書いて嬉しいと思えるものを書く。

第二読者は最初の相手。この文章を最初に誰が読むのか。

つまり、友人でも、家族でも、SNSでつながりのあるフォロワーでも、この人に読んでもらいたいという人がきっといるはず。

その人が同じく読めて嬉しいと思うかどうか。そこで喜びの気持ちがつながれば、第三、第四とバトンはつながり、まだ見ぬ読者へと届いていくはずだ。

「誰か」なんていない

書いている時にこう思うことはないだろうか?

これを書いたら、誰かが何か言ってくるのではないか。

もしくは、これを書くことで誰かの役に立てるのだろうか、と。

目に見えないものを気にしたって、正直言ってキリがない。先の先の先の遠くにいる誰か、その知らない人の視線を気にして、縮こまってしまうのは嫌だ。それに、自分が伝えたいことを押し殺してしまうのはもったいない。

頭によぎる、顔の見えない誰かなんていないのだ。存在しない。そんな誰かを気にする必要はないと、僕は思う。

もちろん仕事となれば、僕も、あなたも、目の前の文章を完成させなければいけないし、納品しなければいけない。

相手から「こうしてください」「ここを修正してほしいです」そう言われる場面もあると思う。なるほど、わかりました、と気持ちよく応じたいと思う。

でも、一つだけ決めていることがある。自分の気持ちを置き去りにはしない。それをしてしまったら、しんどくなるだけだ。

僕が書く意味がなくなってしまう。

過去、広告をつくる仕事をする中で、「自分」がいなくなる瞬間は、やり甲斐よりも心と体がつながっていない辛さが勝っていた。

自分の一番のお客さんは自分。一番のお客さんは、やっぱり大事にしてほしい。

カメラで撮るように書く

今ここにトマトがあるとする。赤さについて語りたい人もいれば、品種について語りたい人もいるだろう。ものの見方なんて人の数だけある。

「ここを知ってほしい!」という部分を自分で見つけ、その魅力を言葉で描いていく。

「カメラ」をイメージしよう。

あなたは今、カメラを持っている。そしてレンズを覗き込む。どこを写していくか。それは自分で選べる。

全部なんてどうがんばったって伝えられない。つまりそれは、自分が見たいもの、伝えたいことを自由に切り取っていいということでもある。何をどう描くかを決めるのはあなたの特権だ。

近くにズームして被写体を撮る「寄り」と、遠くから景色を撮る「引き」。書く時もこの2つの目線で書き分けることが基本になる。

たとえば、駅で男性が誰かを待っているとする。

まずは「寄り」。

改札の前。両手をポケットに突っ込んだ男性はどこか緊張した表情をしている。スマホを取り出し、指を動かす。ぱっと表情が明るくなる。少し慌てた様子で、ミンティアのケースを振り、手のひらに載せて、勢いよく口に放り込んだ。

そして「引き」。

土曜日の夜。恵比寿駅の西口は忙《せわ》しなく人が往来していた。改札前には、待ち合わせだろうか、誰かを待つ男女で一杯だった。山手線が到着したのだろう。ホームから降りてきた人たちがどっと改札に流れ込んでくる。その中に、駆け足の女性がいた。

最後に「寄り」。

「ほんとにごめん！」女性は言った。
「ぜんぜん、俺もさっき着いたところ」。男性は笑顔で返した。

あなたはカメラマンであり監督だ。
カメラでどこを写し出すのか選ぶように、寄りと引きの目線を織り交ぜる。これを意識するだけで、文章にリズムとメリハリが出てくる。
そこに狙いがあればいいのだが、一定の目線からずっと書いていると単調になる。寄りで男性の表情を中心に語り続けても、何が起こったのかつかみきれない。引きで街の様子を語り続けても、そこにいる人の気持ちが見えてこない。

「寄り」の目線なら、「なぜ?」「どうして?」という問いを持って、その奥にある心情や理由に突っ込んでいこう。

「引き」の目線なら、「過去・現在・未来」の視点で語ってみたり、「人間・世界・宇宙」の視点で語ってみたりすることで、文章に立体感が出てくる。

Googleマップで自分の住んでいる場所から、どんどん引いていき地球全体まで見たことはないだろうか? あの感覚は書く時も使える。寄りと引きを駆使しながら自分の写したいところを書くんだという気持ちで書いていこう。

言葉の奥にある思いを汲み取る

もし取材や対談といった人の話を文章にする機会があれば、「言葉をそのまま書けばいいわけではない」ということを覚えておきたい。

5年ほど前のことだ。大学時代のクラスメイトであり、仕事仲間でもある映画監督の松居大悟さんと対談をして、僕自身が文字起こしをして、その様子を記事にまとめたことがあった。

心を弾ませながら、対談を記事にまとめていく。

僕は記事を書く際に、その場で話されたことをできる限り忠実に書き起こすかたちで原稿を構成した。自分なりに「よく書けたんじゃないかな」と思い、Wordファイルを松居監督に送った。

すると、かなりの赤字とともに原稿が返ってきた。

そこには「これはこういう意図で言いました」という丁寧なメモがあった。親しき仲にも赤字あり。僕に対して、言いづらかったかもしれない。けれど、ちゃんと伝えてくれたことを本当に感謝している。

その時はじめて、ああ、記事を書くって、ただ「まとめること」ではないのだなと痛感したのだ。その場の空気感も含めて、その人が何を伝えたかったのか、言葉の奥にある思いまで汲み取り構成するのが僕の役目だったんだ。

体感するのが一番効く。それから僕の取り組み方はがらりと変わった。

その場での話を自分なりに解釈した上でメッセージにしたり、言葉を補足して伝わりやすくしたり、時には順番を前後させたり、話し手の表情や言い方を丁寧に描写したり……

当然ながら、対談の場と、ウェブの場はまるで違う。ただまとめるだけでは届かないから言葉を尽くす。記事を書く際の心構えを、身をもって学んだ出来事だった。

「読み進めたくなる文章」の仕掛け

あなたは何を書くべきなのか。僕はそれを提示することはできない。

あなたの感動は、あなたの中にあるからだ。

ただ、読み進めたくなる文章にはどんな仕掛けがあるのか？

書き方については思う存分に共有していきたい。


講座「言葉の企画」で、エッセイをnoteに書く課題に取り組んだ。

テーマは、「私の素敵な人」。


第2章にも書いた「素敵禁止」。素敵の奥にある思いを言葉にしてほしい。

その話は企画生にも共有していた。

「自分にとって素敵とは何なのか？」

マイ定義を考えた上でテーマを定め、エッセイとして書き上げてほしいと思い、あえてこのお題を出した。

全部で53記事の添削をする中で見えてきたことがある。

あなたがまさに記事を書き上げる時に、今から書く3つのポイントを思い出してほしい。文章を磨き上げる力になりたい。

①「入口」で心をつかまれるか

読むか、読まないかの前に関門がある。その記事をクリックするか、しないかだ。「タイトル」と「サムネイル（見出し）画像」は重要だ。どうすれば「お、なんだろう」「気になるなあ」と読者を誘い掛けることができるだろうか？

ウェブでは次のページのように記事コンテンツが並ぶ。

「Zの視点」を意識したい。

人間の心理で多くの人は物を見る時に、まるでZを描くように、左上から右上、そして左下から右下へ視線を動かす。横書きの文章に慣れているから、だそうだ。

素敵な人ってどんな人？

『言葉の企画2019』4回目の課題が出された。内容は、 「あなたの素敵な人について、伝わるように書いてください」だ。 人と出逢って、その...

♡ 19

伊藤　美砂
2019/08/01

わたしの思う「素敵な人」

「素敵な人」をテーマにエッセイを書く、というお題をいただいた。 ただ、私は「素敵」という言葉を頻繁に使うので、今その定義に困ってい...

♡ 42

Yuka Hongo
2019/07/31

「すき」の肯定と生きづらさからの解放

生きづらい、あなたへ 脚本家・坂元裕二のＮＨＫ　プロフェッショナル 仕事の流儀は、 副題として、「生きづらい、あなたへ」と題されてい...

♡ 27

しやま
2019/07/31

心が躍る、私の素敵な人……。

今まで、生きてきた中で 何人の人と出会っただろう？ 年齢を重ねる中で、あらゆる場面で人との出会いがあり その出会いの中では喜怒哀楽、 ...

♡ 13

u1ro-km
2019/07/31

本と、港と、素敵な人と。

台風が来ているのでは、と恐るおそる起きた土曜日の朝。 わたしの心配をよそに晴れ間の出た空を見て、予定通り三崎に行くことを決めた。 ...

♡ 39

むらやま あき
2019/07/31

この場合では、まずタイトルを読み、次にサムネイル画像を見て、さらに書き手が誰なのかのアイコンを見るのではないだろうか。この順に見ていこう。

まずタイトルから。ここではこの5つのタイトルが並ぶ。

・素敵な人ってどんな人？
・わたしの思う「素敵な人」
・「すき」の肯定と生きづらさからの解放
・心が躍る、私の素敵な人……。
・本と、港と、素敵な人と。

「私の素敵な人」というテーマでエッセイを書くというお題に対し、記事のタイトルにストレートに「素敵」を入れていた人もいた。

それが良くないという訳ではない。

でもやはり「素敵」と題するタイトルが並ぶと、埋もれてしまい真っ先に選びにくくなる。内容が素晴らしいのに、中身を見てもらえないなんて悔しすぎる。せっかく書き上げたのだから、ちゃんと目立って見つけてもらおう。

記事タイトルの付け方は大きく２つ。

・文章中にある象徴的な１行を抜き出す
・内容全体を踏まえた上で俯瞰したタイトルを付ける

頭の片隅に置きたいのは「距離」だ。

今回のテーマは「素敵」だったが、読み手に何について書いているのかが伝わっている場合、そのテーマと距離のあるタイトルほど、いったい何が語られているのだろうかと誘い掛ける力が増す。

今回の中では…

・あの日プロ野球選手だった頃の親父を、僕はまだ知らない。

「素敵」とタイトルに入れずに、「プロ野球選手だった頃の親父」とはどういうことなんだろう、と僕が誘い込まれたタイトルだった。

「#私の素敵な人」マガジン
https://note.com/kotaroa/m/m2e8193509 7e9

このリンク先にて、今回の課題に挑戦したすべてのnoteのタイトルと記事を読むことができる。あなたはどれを一番にクリックするだろうか？　そして読み終えた時に何を思うだろうか？　そこで感じたことに活かせるヒントがある。

次に、サムネイル画像を考えよう。

いかに目を引くかという点では、タイトルと同じくらいサムネイル（見出し）画像も大切だ。正式には、Open Graph Protocol（略してOGP）と呼ばれ、SNSでシェアする時に表示される画像のことを言う。

あなたの実体験としてどうだろうか？

サムネイル（見出し）画像がない記事コンテンツは、クリックするのにちょっと臆するのではないだろうか。

ないよりもあった方がいいし、記事の内容に沿うものが望ましい。

YouTubeでは、このサムネイルについて徹底的に考えられている。

2019年のM-1グランプリファイナリストの芸人「ニューヨーク」の話をしたい。彼らはYouTubeでの活動にも力を入れており、毎日、映像コンテンツをアップしている。

継続は力なり。ただ続けるだけではなく、そのどれにもしっかりと企画があり、確実にファンを増やしている。

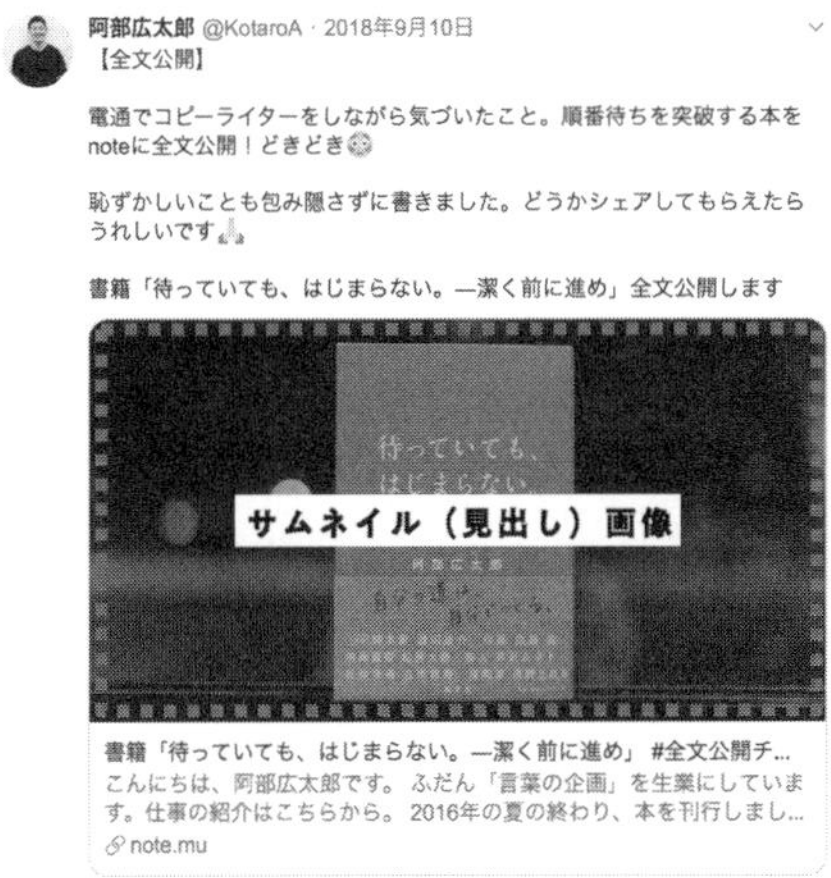
阿部広太郎 @KotaroA · 2018年9月10日
【全文公開】
電通でコピーライターをしながら気づいたこと。順番待ちを突破する本をnoteに全文公開！どきどき
恥ずかしいことも包み隠さずに書きました。どうかシェアしてもらえたらうれしいです
書籍「待っていても、はじまらない。―潔く前に進め」全文公開します
サムネイル（見出し）画像
書籍「待っていても、はじまらない。―潔く前に進め」 #全文公開チ...
こんにちは、阿部広太郎です。ふだん「言葉の企画」を生業にしています。仕事の紹介はこちらから。 2016年の夏の終わり、本を刊行しまし...
note.mu

縁あって、単独ライブのコピーを書かせてもらった。

その時から、彼らのYouTubeでの映像を見る習慣ができた。

YouTubeがよくできているのはトップページのおすすめ欄だ。

過去の閲覧履歴から、次々とおすすめされ、そのサムネイル画像が気になるから結局、次から次へと再生してしまい、どんどんのめりこんでしまうのだ。

ニューヨークのYouTubeの動画一覧を見てほしい。

サムネイル画像にタイトルを派手に入れ

たり、著名な人を題材にしている時はその人の名前を大きく出したり、あの手この手が駆使されている。

ニューヨーク Official Channel
https://www.youtube.com/channel/UCS17iKEInkBuHkxtEcCnTTQ/videos

そして、書き手が誰なのか？

これに関しては書き続けるしかない。よく見掛けるこのアイコンの人の文章を読みたい。そう思われたら、読み手との関係がすでにできていることになる。関係ができたら、シンプルでストレートなタイトルでも勝負できる。

そこにたどりつくためにも、タイトルやサムネイル画像は、やっつけで決めていいものではないのだ。どうしたらそそられるのか？　見たい！　となるのか？

中身の一番外側をつくる気持ちで。つまりは、つくる時と同じくらいのエネルギーを掛けて届け方を考えないといけない。

あなた自身、普段の生活の中で大量の情報の中から、無意識に取捨選択をして見るものを選んでいる。
ついついクリックしてしまう、その「ついつい」を明らかにしていこう。
そこで感じたことは、記事のタイトルの付け方やサムネイル画像の選び方に取り入れることができる。

サムネイル画像がどんな風に表示されるかを確認したい時は、OGP確認ツールを使おう。対象URLを入力するだけで簡単にチェックできる。

OGP確認ツール
https://ogp.buta3.net/

②ストレスなく読み進められるか

心地よい文章の「量」というのは、やっぱりある。

難解な論文のようにガーッと文字が塊となって目に迫ってきたら、それだけでウッとなってしまい、読む前から読みづらいと感じないだろうか。

特に今はスマホで文章を読む時代だ。

たとえば意識して改行を入れたり、一定の文章量を超えたらブロックを分けたり、読む人にストレスを与えない工夫が必要になる。


企画生の西海千尋さんが書いたエッセイ「老人と海と私」。冒頭の第1ブロックを引用したい。

老人と海と私

西海千尋

夜が明ける前に家を出て、海の上で朝を迎える。

どこからが海で、どこからが空なのか。

天地の境のない、真っ暗な世界。

ブルンブルンッ、ドッドッドッドッドッーー
エンジンキーをひねると、船が震えだす。足の裏から伝わる細かな振動。
波に合わせて船が揺蕩《たゆた》うので、腹に力を入れて、体を支える。
真っ直ぐに前を見て、舵を切る。

祖父は漁師だ。海の漢だ。
たった一人で、沖に出る。仕掛けも道具も自分でつくる。
季節を読んで、漁を選び、潮を読んで、罠を落とす。
風を読んで、雨を避け、景色を読んで、居場所を掴む。
タコにタイ、ハマチ、カンパチ、シマアジ、スズキ。
オコゼ、サワラ、ベラ、ヒラメ、カレイ。

兵庫は明石の漁師の家の、次男に生まれて漁師になった。日本に数ある漁師の村に、たくさんいる漁師の一人だ。

https://note.com/chihiro_n/n/na9bd55183aa8 「老人と海と私」

目に心地よい文章量、適度な改行があることで、リズムをつくりながら読み進めることができる。つかみとして情景を想像させる表現が入っていたことも、グッと文章の中に入っていける工夫になっている。

「読みにくいな」「まだ続くのか」と感じてしまうと、途端に読む気が失せてしまうもの。あなたは、書く人である前に、読むプロだ。

ストレスを感じた瞬間に読み飛ばすドライな自分自身を知っているはず。たくさんの文章に触れる中で、ストレスを感じた部分があれば、むしろ儲けものだ。

なぜそう感じるのかチェックしてみると確実に自分の書くものにつながる。

第一読者の自分として読みやすい感覚を磨いていこう。

③読み終えた後に感情を味わえるか

いわゆる読後感とは、読み終えた後に味わえる感情のことだ。

楽しい気持ちで帰れる映画もあれば、陰鬱《いんうつ》な気持ちになり落ち込む映画があるように。読者に感じてほしい気持ちは、自分が良いと思えるものであれば構わない。

では、どんな文章の締めくくり方をすれば、感情を味わうように読み終えてもらえるのだろうか。

たとえば、その記事がシェアされる時にどんなコメントが添えられるのかをイメージしてみたい。

企画生の橋本莉奈さんが書いたエッセイは、「似ている友達であるTさん」について。地元が同じで、大学と新卒時の就職先は違ったけれど、結局、今では職場まで同じになったというほど、似ている友達。

タイトルはこうだ。

似た者同士だからこそ、素敵だと思える人。

読み手の僕は、「似たもの同士ってどういうことかな」と、自分自身の経験と重ね合わせながら想像して読むことができる。
最後の1ブロックを引用する。

10年モノの交換日記。
部屋を整理整頓するたびにひょっこり出てくるので、ときどき読み返している。
ある日のTは、小説の好きな一節を書き写して、
「すてきな文章だったからりなに伝えたかった」と書いていた。
わたしはTの、こういうところが大好きだ。

全文はこちらから。

似た者同士だからこそ、素敵だと思える人。
https://note.com/rinah/n/n5127ae48bff8

読んだ後に生まれる感情は、友達に対する愛おしさだった。

読み終わった後に友達に会いたくなる。そう思えるから、人に共有したいと思えるのだ。


どれだけ入口が良い文章でも、読み終えた時に違和感を覚えたり、ぼんやりとした印象で終わったりしたら、何と言葉にしていいかわからなくなる。

文章を読み進めていくのはトンネルに入り、灯りを頼りにしながら進んでいくのに似ている。

出口にどんな感情の景色を用意するか。書くからには絶景でありたい。

遠慮するな配慮はしろ

思いを文章にする上であなたに伝えたいことがある。

それは「遠慮しなくていい」ということだ。

自分の内面を吐露《とろ》するには勇気が必要だと思う。誰かに見てもらうとなれば、どこまで書いていいのか迷うこともあるはず。

企画生全員でお互いのエッセイを読み合う。講義の後の感動メモがとても印象的だった。

・全員分読んでみて、みんなの心の奥に少しだけお邪魔することができた気がして、みんなのこともっと知りたくなった。好きになった。
・私たち一人ひとりの感情は私たち自身を奮い立たせる、けれど、他者に伝える時、それは情報になるのだなと思う。なので、伝えたい時はやはり工夫が必要になってくるのだと感じた。

・ここまでたくさんの大好きをさらけ出せるなんて強いな、羨ましいと思いました。

内面を人に開示するのが苦手だけど、書いてみてコメントを貰えて小躍りしたくなるくらい嬉しかったと直接伝えてくれた人もいた。

遠慮のない気持ちこそが感動のもとなのだと思う。

本当に、心の底から言いたかったことが世に放たれる。その奥に感じられる勇気。ここまで書いたら伝わる、これ以上書いたら伝わらないというチューニングは後からいくらでもできる。

だからまずは一度出し切ってみてほしい。自分の中でリミットを勝手に決めてセーブをしない。遠慮しないでほしい。

一番大切にしてほしいのは、自分の気持ち。そこがすべてのはじまりだ。そして最初に読んでもらいたい相手に、今この瞬間の気持ちを伝えたいと強く思うこと。

文章は誰にでも書けるが、その文章はあなたにしか書けない。

そして、書くことによってあなた自身が浮き彫りになっていく。


自分の心情や内面を吐露するように言葉にしたっていいし、外の世界で起きたこと、見聞きしたことを中心に言葉にしてもいい。

アプローチや文体に正解はない。それらはすべて「人格」だから、人と比べたり、遠慮したりする必要はない。

ＳＮＳのタイムラインに流れてきた記事、いいな、羨ましいと思ったとする。でも、僕がその人になれないように、その人も僕にはなれないのだ。

そして最後に、配慮をすることは忘れないでほしい。

ここで言う「配慮」とは、優しさがそこにあるかどうか。読み手にとって読みやすいかどうかを考えているか、ということ。

たとえば文章の冒頭につかみを用意したり、時には写真を挟んだり、言及していることにリンクを貼ったり。

相手の心に触れる上で、優しさを細部にまで込めることは忘れないでほしい。書くのは自分のためで良いけれど、届けたい人がいるのであれば、自分勝手に書いてはいけないのだ。

鍵を開けよう。
SNSは自分を
増やす手段だ。

第7章

企画書はラブレターだ

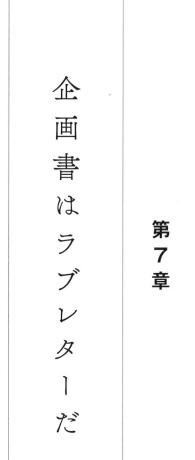

企画書は必要か？

先にはっきりさせたいことがある。
そもそも企画書は必要なのだろうか？
この問いに向き合ってから話をはじめたい。

僕は、お笑いが好きでネタ番組を頻繁《ひんぱん》にチェックするし、お笑いライブも観に行く。
ある時、「人志松本のすべらない話」を見ながらふと思ったことがある。

ダウンタウンの松本人志さんと、松本さんの盟友であり、ダウンタウンの番組を数多く手掛けている放送作家の高須光聖《みつよし》さんの間に、企画書はあるのだろうか？

「おもろいやん！」
「やろやろ！」

これは僕の妄想に過ぎないけれど、そこには仰々しい企画書なんて存在しなくて、もしかしたら「雑談」からはじまっているのかもしれない。

企画書も要らない関係が理想

その関係が理想だとつくづく思う。

企画とは、「幸福に向かう矢印」であり、企画書とは、その矢印を共有し、実現に向かうための書類だ。

感動を自分の中で一人占めするなら、企画書は要らない。

もしくは、一人でつくりきれるならわざわざ企画書を書く必要もない。

胸の内にある感動を、仲間と広げていきたい時、企画書が必要になる。

「一緒にやりましょう！」と相手を巻き込むために必要となってくるのだ。

そこに確固たる信頼関係があるのであれば、ＬＩＮＥ一通で良いし、電話1本でもいいのだ。正直に告白すると、その関係性がある大先輩たちをかつてずるいと思ってしまう僕がいた。でも、全然ずるくないのだ。幾千ものやりとりを重ねて、その関係性はできている。

思いがけない幸運を得ることを「棚からぼたもち」と言う。この言葉を鵜呑みにしてはいけない。そんな幸運をもたらす棚の前にいることは偶然じゃないのだ。

運は縁が連れてくる。

そんな血の通った信頼関係をつくるために、僕は企画書をラブレターだと思い、書き続けている。

自分でいるために書きたいと思った

企画書を自ら書きはじめたきっかけの話をしたい。

コピーライターになり、丸3年が経った頃のことだ。

刺激的な毎日だった。

コピーライターの登竜門でもある東京コピーライターズクラブの新人賞を頂けた。東進ハイスクールのCM「生徒への檄文」篇の制作に携わり、林修先生の「今でしょ!」が話題になる。そして、新語・流行語大賞を獲るまでの過程を目撃することもできた。

言葉の可能性ってすごい、そう思いながら夢中になって働いていた。任せてもらえる案件も徐々に増えていった。

でも、ある日、終電の時間が近づくオフィスで、ふと思った。

「朝早く起きて、夜遅く帰る日々で、僕は何のためにがんばっているんだろう？」

もちろん充実感はある。

広告が世の中に広まっていくことはとても嬉しい。何ものにも代えがたい喜びがある。でも、ピストルの号砲が絶え間なく鳴り、目先のゴールに向かって短距離走を繰り返しているような感覚があった。

もしもこの生活がずっと続くと考えたら、なんとも言えない虚しさがこみ上げてきた。

広告業界には、数多くの広告賞がある。名前を知ってもらうための大切な手段だ。自分がそれらの賞を獲って、社内に５００人以上いるコピーライターやプランナーの中で、少しだけ目立って、いつの日か大御所と呼ばれる人に見つけられて、結果を出せるか、出せないか。

そんな「壮大な順番待ち」に並んでいるのと同じなのかもしれないと思った。

「おもしろい仕事、来ないかな」

「この案件は派手な仕事になるかな」

当時の僕は、気づけばそんな考えで頭が一杯だった。

いい仕事が巡ってくるのを待つ。いわば「受身の自分」。

「人生を変えるのは、人、本、旅」という話を聞いたことがあるけれど、僕にとって本は身近で、突破口を見つけたい時ほど、本屋に足を運ぶ。世の中で何かを成し遂げている人たちは何を考えているのか知りたくて、ビジネス本を読み漁った。

読んでいく中で気づいたことがある。

「動け、考えろ、続けろ」

どの本も極論、この3つのメッセージしか言ってないな、と。

人は環境に適応していく天才だ。

反応して、反応して、順応していく力がすごく強い。

でも、僕はそのまま反応するだけで終わりたくない。

今こそ大切なのは、リアクションではなくアクションなんだ。

打席に呼ばれるのを待つのではなく、打席は自分でつくってもいい。

今しなくてはいけないのは、差別化ではなく本質化。

僕が仕事を通じて本当に実現したいことを改めて思い出した。

「世の中に一体感をつくりたい」

この思いで広告の仕事に就き、言葉の仕事をしている。そりゃ、賞で評価してもらえるのは嬉しい。でも、僕は僕のものさしを大切にして生きていきたい。

僕なりの働き方改革。働くを「働き掛ける」に変える。

自分からもっと社会に働き掛けようと心に決めた瞬間だった。

Facebookで贈った一通のラブレター

天職は、英語で「calling」と言う。

まるで天から呼ばれているように突き動かされてしまう。止まらないし、自分でもやめられない。誰に頼まれたわけでもないのに取り組んでしまうことを言う。

無我夢中な自分に出会えることは幸せだと思う。

平日の仕事が終わってからと休日の時間を使って、自分が本気でやりたいことを企画書にしはじめた。

「届くんだ！」と、はじめて手応えを感じたのは、居酒屋「甘太郎」への企画書。ただ相手に送るわけではなく、感謝と愛情を込めた贈り物としての企画書だった。

きっかけなんて、本当に出会い頭にやってくる。

2012年、Facebookで甘太郎が発信するニュースを見掛ける。

「名前に『太郎』付く人を割引します」

あなたが万が一、「太郎」と名前に付く人だとしたらきっとわかってもらえると思う。僕は「広太郎」という自分の名前を呼び掛けてもらえた気がして心が躍った。

居酒屋「甘太郎」を応援したいと思い立った。

この感動を、シェアやリツイートに留まらずSNSのタイムラインを飛び出して広めたい。それは、太郎の広告をするのは僕しかいないという勝手な使命感だった。

友人のアートディレクター・鈴木智也さんと仕事終わりに夜な夜な集合し、企画書をつくる。

甘太郎とのツテはない。見てもらえるかもわからない。

それでも一言一句、自分が感じた嬉しさを閉じ込めるように、まるでラブレターのような企画書を1週間で書き上げた。

便利な時代になったと思う。

人にも企業にもSNSのアカウントがあり、連絡が取れる可能性は開かれている。

Facebookで見つけたから、Facebookで連絡しようと思った。
甘太郎のアカウントに、企画書のPDFを添付し、送信。
なんとかご一緒したい、そしてかたちにしたい。
その強い思いを込めた9ページの企画書がこちらだ。

甘太郎
太郎割引
はじまる

阿部広太郎
鈴木智也

1

甘太郎さまへ

はじめまして。
電通でコピーライターをしております、
阿部広太郎と申します。

突然、申し訳ございません。
どうしても甘太郎さんへの思いを、
お伝えしたくて企画書に
まとめさせていただきました。

きっかけは、
facebookのタイムラインでした。
友人がいいね！を押していたニュース。
それが甘太郎さんの太郎割引キャンペーンでした。

僕の名前は広太郎といいます。
正直すごく嬉しかったです。
ふだん特に意識することがない
自分の広太郎という名前が、
認めてもらえたような、
励ましてもらえたような、
なんだか嬉しい気持ちになりました。

そして何より、
良いキャンペーンだなと思いました。
このキャンペーンは、
太郎と名前につく人だけじゃなくて、
その友人も巻き込んで、
久しぶりに会うキッカケをつくれる。
美味しいお酒で乾杯するキッカケをつくれる。
甘太郎にすごく行きたくなりました。

2

このキャンペーンを、
もっと多くの太郎に伝えましょう。
そして、甘太郎さんに、
もっと多くの太郎を呼びましょう。

甘太郎さんに、
太郎が友達を連れてやってくる。
太郎が友達に連れられてやってくる。
そんな甘太郎さんは、
すごく素敵で、すごく良いお店だと思います。

いてもたってもいられなくて。
キャンペーンを告知する
ポスターをつくりました。

たとえば。
これをfacebookにアップする。
いいね！をもらって、シェアされるキッカケをつくる。
たとえば。
これを店頭にポスターとして掲出する。
お店のお客さんに太郎割引のことをしっかり認知してもらう。

このキャンペーンは、
もっと世の中から愛されて、
もっと世の中に育てられる存在になれるはずです。
太郎が名前に付くひとりとして
ぜひ協力させてください。

3

〈ポスターの構造について〉

太郎割引キャンペーン、
メインのキャッチコピーは、

甘太郎は、太郎に甘い。

です。そしてそのコピーを受けて、

太郎割引、はじまる。

という抑えのコピーが入り、
割引詳細を説明していきます。

4

〈メインビジュアル〉

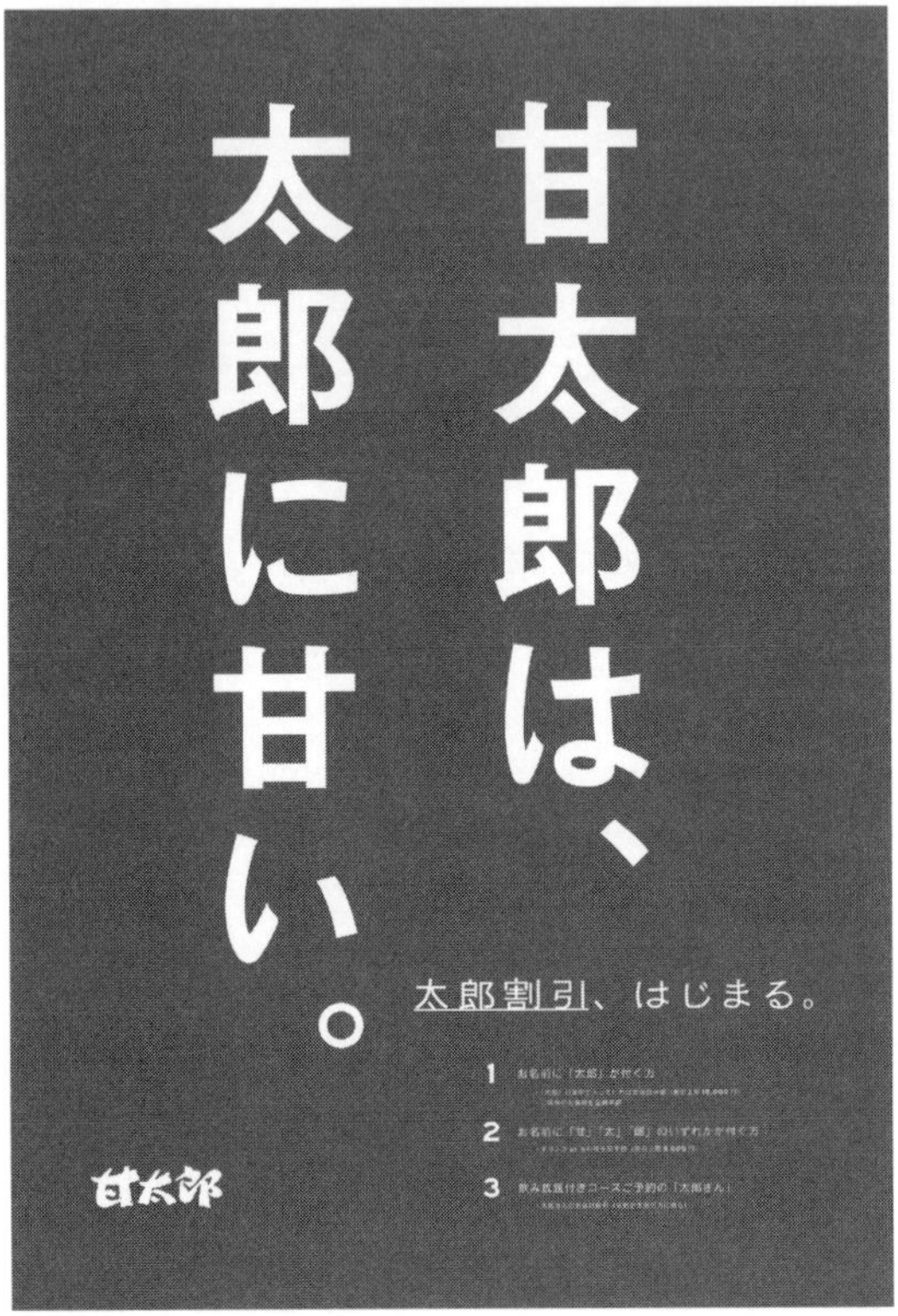

※割引詳細につきましては、facebookとホットペッパーに
記載されている情報に若干違いがあったので、ホットペッパーの情報を入れております。

5

facebookや店頭で
キャッチコピーを変えて
太郎割引を訴求していくと、
より強くお客さんの印象に
残すことができます。
計9パターン考えました。

6

甘太郎は、太郎に甘い。
太郎割引、はじまる。
甘太郎
都知事、密会もお安く。
太郎割引、はじまる。
甘太郎
「知り合いに太郎いる？」
太郎割引、はじまる。
甘太郎
全国の太郎に告ぐ。
太郎割引、はじまる。
甘太郎
はじめて思った。太郎で良かった。
太郎割引、はじまる。
甘太郎
太郎が重宝される飲み会。
太郎割引、はじまる。
甘太郎
ひっぱり太郎。
太郎割引、はじまる。
甘太郎
彼女が太郎と急接近。
太郎割引、はじまる。
甘太郎
見た目より太郎。
太郎割引、はじまる。
甘太郎

7

facebookのカバーも変えるのはいかがでしょうか。
こちらもキャッチコピーを定期的に変えることで、
ページに訪れた人に、強く太郎割引を印象づけて
いくことができると考えます。

8

ここまでご覧になっていただき
本当にありがとうございます。

コピーに関しても、
これはある。これはない。
などあるかと思います。
なにか失礼な物言いがなかったか、
正直ドキドキしています。

もし実際に使用していただける場合も、
ここをスタートラインにして、
甘太郎さんとキャッチボールをしながら、
より良いポスターに仕上げていければと思います。

太郎キャンペーンに出会ってから、
僕の心は躍りっ放しです。
本当にありがとうございました。

ご意見ご感想など、
ご連絡いただけますと幸いです。
何卒よろしくお願い申し上げます。

コピーライター　阿部広太郎
アートディレクター　鈴木智也

連絡先
阿部広太郎
kotaro.abe@dentsu.co.jp

9

メッセージを送って、2日後だった。

「愛あふれる企画書、ありがとうございます」

返信を見た時は、スマホを持つ手が震えた。

最初は「甘太郎の店頭にポスターを掲載する」という話で落ち着きそうだった。そこからなんと企画書が一人歩きする。

役員の方にも届き、「グループ全店で行う全国キャンペーン」を展開することに。

たまたま僕が目にしただけなのに、そこから運命が変わっていく。

偶然を必然にできる企画はやはり強い。そして思った。

経験という名の伏線を回収していけると人生はどんどん楽しくなる。


キャンペーンのためにつくったウェブサイトは瞬《また》く間に広がり、キャンペーンは翌年の2013年まで延長するほどの大反響に。

自分が嬉しいことで、相手も喜んでくれる。その先にいるお客さんにも前向きなエネルギーが伝わっていく。働くことで、ものすごく生きている実感があった。

信頼関係が、次の仕事を生み出す。

この企画書をきっかけに、新しいキャンペーンまで会社の仕事として担当させてもらうことになった。働き掛けたら、突破口が見えてきた。

好きなロックバンド「クリープハイプ」に向けて企画書をつくり、CDのジャケットの制作や宣伝企画に携わることができたのも、僕が住んでいる東京・恵比寿の力になりたいと、恵比寿の魅力を発信するプロジェクトを立ち上げられたのも、自ら持ち込んだ企画書がすべてのはじまりだった。

仕事は4つに分けられる

自分の中の使命感をエネルギーにして企画書を贈るスタイル。

このやり方で良かったのだと、会社の先輩でプランナーの南木隆助さんから「4つ

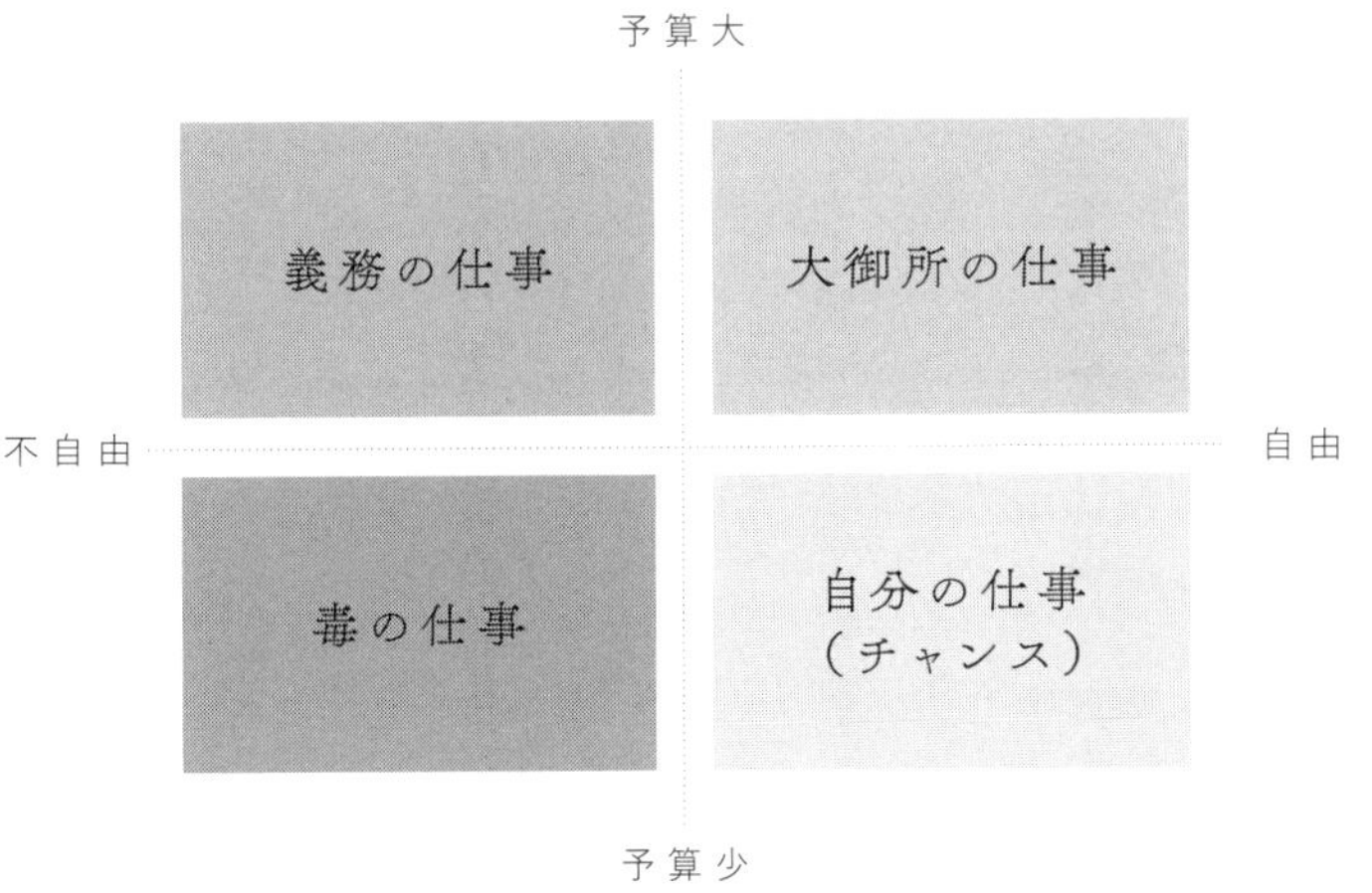
予算大
義務の仕事
大御所の仕事
不自由
自由
毒の仕事
自分の仕事
(チャンス)
予算少

の仕事」という考え方を教えてもらった時に思った。

上の図を見てほしい。

横軸は自由度。左に行くほど、不自由になる。右に行くほど、自由がある。

縦軸は予算。上に行くほど、予算が大きい。下に行くほど、予算が少ない。

それぞれの仕事の特徴を書いていく。

■左上：義務の仕事

(不自由で予算が大きい仕事)

義務として果たさなければいけない仕事。

するべきことがすでに決まっている。大型案件ゆえに調整からはじまり、調整で終わることもしばしば。実入りはいいが、この領域の仕事だけをしていると、疲弊してしまう。

■右上：大御所の仕事（自由で予算の大きい仕事）

大御所が手掛けている仕事。まだどうするかは決まってないけれど、世の中で話題となるプロジェクトにしたい。そんな話が持ち上がった時は、すでに実績があり、その業界で名を馳せている大御所に相談がいくことが多い。

■左下：毒の仕事（不自由で予算が少ない仕事）

毒を含んだ仕事。するべきことはすでに決まっているが、予算が少なくどう実現するかが苦しい場面がある。乗り切ることで、仕事への耐性を高めるワクチンにもなる。

ただ、やりすぎには注意したい。

■右下：チャンスを広げる自分の仕事（自由で予算が少ない仕事）

何かが起こるかもしれないチャンスのある仕事。予算は少ない、けれども自由度は高い。何かを起こそう、ここから大きくしようと思っている人がいる。ここに飛び込み、誰かと出会うことで、想像もしないことが起こりうる。

行動↑企画↓発信

4つの仕事を踏まえた上でどうするか？

今よりも私はもっとおもしろい仕事をしたいんだ、僕はもっとできるはずなんだ、そう思う人にとっての狙い目は、間違いなく「自由で予算が少ない仕事」だ。

どの業界だとしても、その業界をより良くしていくために、お金になるか、ならないかはいったん抜きにして、シンプルにこれまでにないおもしろいことをしたい、そう思っている人はたくさんいる。

でも、その人たちは同じようにおもしろいことをしたいと思っているあなたの存在をまだ知らない。

だとしたら「自分はこんなことができると思うので、一緒にやりませんか?」と、自己紹介しにいく必要がある。僕らが常々口にするチャンスとは、つまりは人だ。

チャンスに会いに行くのだ。

もしも今あなたが「義務の仕事」ばかりだとするならば、いきなり「大御所の仕事」にいくのは難しい。だからまずは「自由で予算が少ない仕事」に行こう。

自分で行動を起こしさえすれば、自由は獲得できるはず。

もしくは今あなたが「毒の仕事」をしていて苦しいなら逃げてほしい。そして、自分が本当に好きで、おもしろいと思うことに挑んでみてほしい。あなたには内心、

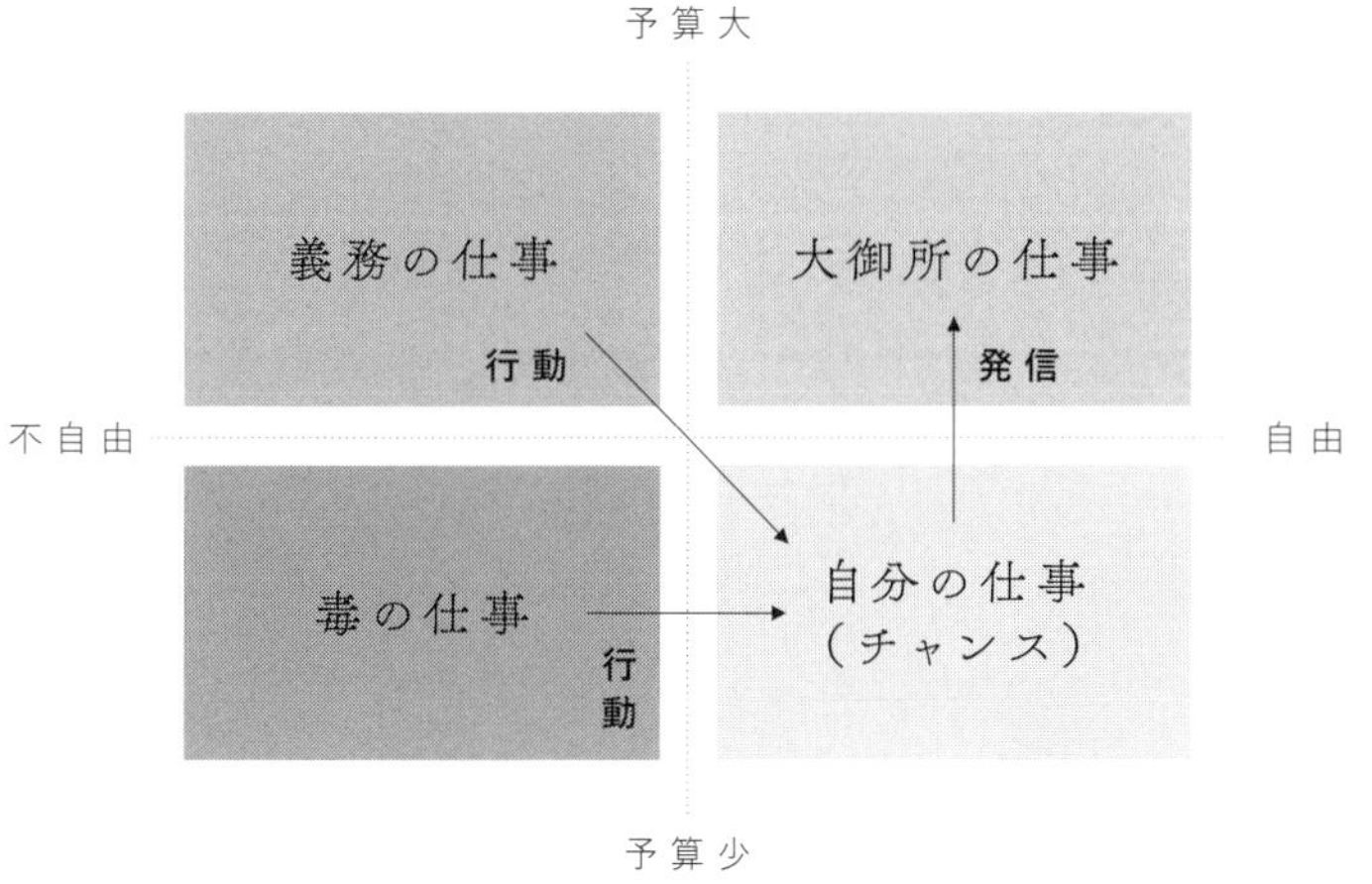
予算大
義務の仕事
行動
大御所の仕事
発信
不自由
自由
毒の仕事
行動
自分の仕事
（チャンス）
予算少

「いいなあ」と思う仕事をしている人や会社があるはずだ。

行動してその近くに行ってみよう。

頼まれた仕事を着実に遂行しながらも、自由な時間で誰かに頼まれたわけでもない企画書をつくり、おもしろいと信じる人に会い、かたちにしていく。

そして、今自分はこんな意志を持ちながら動いているんです、とSNSで発信しよう。志は共鳴していく。あなたを見つけてくれる人が出はじめる。

そして、右上の自由で予算の大きい「大御所の仕事」。ここを担当する人が、あなたに仕事の相談をしてきてくれるはずだ。

待っていても、はじまらないと動いてきた人だけが、待っていたら、はじまる仕事を引き寄せるのだ。

これからの時代、自分らしく働いていくためのキーワードはこうだ。

行動、企画、発信。

この3つは漠然と並んでいる訳ではない。

行動↑企画↓発信

企画というエンジンを積み、行動と発信の両輪で突っ走る。

それさえできれば、あなたの「自分の仕事」の領域はどんどん広がっていく。

企画書を相手に贈る3つの心掛け

気持ちの動く方に、企画書をつくり続ける。

しかしながら、闇雲に企画書をつくっていたわけではない。

ただただドバッと思いを書き連ねてしまっては、読む方に対して負担を掛けてしまうだけだ。何度も企画書を贈る中で、話が好転していく企画書はこの3つの心掛けを満たしていることに気づいた。

①「自分は本気か？」

自分が提案しようとしている企画にどれだけの思いを込められているか。わざわざ自ら提案する企画は、義務じゃない。自分がやりたいからやる。0円でもやる。

そこまで思える本気を一言一句に込めていく。熱の伝わる企画書は無視されない。

「言葉の企画」の講義で、企画書の課題を出す時にあえて言葉を付け足している。

「本当にやりたいと思うことを企画書にして出してください」

提出された企画書に目を通して、読み手として心が弾む時もあれば、深く溜息をつきたくなる時もある。

「これ、本当にやりたいことなのかな?」と思ってしまうのだ。

もちろん、その人がその課題を好きになりきれなかったということもありうる。それならそれで、好きになれなかったをスタートにして「なぜなら…」と書いていけば、相手に伝わる企画書になっていく。

言葉は想像以上に正直だ。

この企画を推したい、なにがなんでもやった方がいい。そんな風に思えているだろうか。企画者であるあなた自身がわくわくしているだろうか。

②「相手は喜ぶか？」

相手が欲していたことを言えているだろうか。

独りよがりの考えを相手に贈っても迷惑なだけ。

「実はこんなことをやりたいんじゃないかな」と、想像しながら考える。

企画書を相手に渡した時、その相手がどう見るのか。

相手も当然ながら、その件について一生懸命に考えている。

たとえば、駆け出しのアーティストのプロモーションを企画するとしたら、その企画を決定するマネジメントの方たちを考えたい。彼らは、年から年中ずっと、担当するアーティストが売れるためにはどうすればいいかを考えている。そこに「うわあ、こういうことだったのか！」と、相手が大きくうなずくメッセージがあるかどうか。

表面をなぞっただけのことを言っていないか。調べた上で、相手の懐に飛び込む企画になっているか。贈る前に、一呼吸おいて企画を見直して、自問自答しよう。

相手に喜んでもらえたら、企画書は一人歩きしていくから。

③「本当にできるか?」

書かれている内容を最後まで遂行できるか。
夢だけを語っていないか。無責任なことを言っていないか。
できるかどうか。完成するかどうか。
企画を実現する道中を、あなたと一緒に歩みたいかどうかが問われている。
やってみなくちゃわからない、という部分も正直ある。
ロジックにパッションを織り交ぜて伝え続けるしかない。
本当に企画を遂行できれば、そこに関係が生まれて、次の仕事につながっていく。
今、あなたが本当にやりたいと思うことは、頭の中に眠らせてはいけない。

企画書に愛と熱を

日常的に、企画書をつくる仕事をしている人も多いと思う。

めっちゃ好きと言えるような案件に巡り合えることの方が稀ではないだろうか。

自分の好きなこと、やりたいことであれば、楽しいという気持ちが無限に湧き出てがんばれる。けど、そんなことは滅多にないし、理想だけを語らないでほしいと言われてしまうかもしれない。

わかる。そりゃそうだ。「やりたい」よりも、「やらなくてはいけない」からスタートすることも多いだろう。というより、ほとんどがそうかもしれない。

たとえ、そうだったとしても、やりようはあると僕は思う。

企画書を綺麗にまとめたところで、その中にあなたの愛がなければ、相手にはなにも響かない。規定の条件やフォーマットをただ埋めていくような企画書は、少し説教臭いというか、おもしろみに欠けてしまう。

うまく言葉にしきれなくても、思わず前のめりになる「楽しさ」や「おもしろさ」が企画書に練り込まれているかどうか。

言い換えれば、企画書に愛と熱を込めるということ。

あなたの行動から放たれる言葉がそこにあるかどうか。会社の事情がどうとかではなく自分を主語にして、実際に体験してみてここが良かったとか、イケてないからこうしましょうとか、感じたこと、動いたことを企画書に書いていく。

個人的な本音こそが、強いメッセージになる。照れずにぶつけてみよう。本音という嘘のない気持ちにたどりつくのは簡単なようでいて難しい。でも、それがあってはじめて、企画を届ける相手に「ぜひやるべきです」「やりましょう」という気持ちがきちんと伝わっていく。

正論より楽論を

「楽論」というのは僕がつくった造語だ。

常に企画を考える時に心の中に念じている言葉。正しさだけでは人は動かない。そこに楽しさはあるか。楽しいとは、明るい気持ちになることだ。

だからまず自分から、企画が実現した後を妄想したい。


重い仕事が舞い込む。せっかくだから、と自分にスイッチを入れる。

結局やるのなら積極的に取り組む。徹底的に調べて、企画を提案して、クライアントの社内でざわついて、評判になってほしいな、とか。今回の企画をきっかけに、自分の好きなアーティストと一緒に仕事をできるかもしれないな、とか。

目の前の仕事からはじまる連想ゲームをしよう。

他人事から自分事にできるスイッチまでたどり着けたら後は走るだけ。仕事は「もしかして」のリレーだ。あなたのキャリアだって、今までの仕事の積み重ねによってできている。今の仕事が、次の仕事への入口なのだ。簡単にいかなくても、何かに化ける可能性はどこかにある。小さな伝説を、目の前の現場で起こすことが何より大事だ。

企画書の基本形

繰り返しになるが、企画書とは、企画の思考を共有する書類だ。第3章で書いた、「企画の思考フレーム」の順に書いていく。最初の挨拶からはじまり、「経験→本質→企画」の話を経て、最後、一緒に仕事をしませんか？　と誘い掛ける。

企画書の基本形

よろしくお願いします

↓

自分はこう思った（経験）

↓

自分はこう目をつけた（本質）

↓

自分はこうできると思う（企画）

↓

自分と仕事しませんか？

先程の「甘太郎」への企画書もこのかたちになっている。

この「企画書の基本形」を見ながら、もう一度、企画書の流れを追ってもらえたらと思う。

もう一つ、企画書の事例を紹介したい。

甘太郎に贈った「手紙風」の企画書もあれば、1ページごとに短く強い言葉を連ねていき、まるで紙芝居をするようにページをめくる「紙芝居風」の企画書もある。

1枚、1枚、核心に迫っていき、次のページを見たくてうずうずしてくる企画書だ。

見てもらうのが一番伝わるので企画書を共有する。まずは経緯から。

きっかけは、恵比寿新聞の高橋編集長からの相談だった。

世の中で起こるニュースについて、個人で発信できる人を増やすために、ジャーナリストの堀潤さんが恵比寿で講座を開こうとしている、と。

その講座のネーミングに関して相談に乗ってもらいたいとのことだった。

これからの時代はメディアの報道を鵜呑みにせずに、自分で考えることで、その時々の最良の判断ができると思うし、そのためには確かに学びの場が必要だ。

その思いに共鳴する。力になりたいと思った。

相手にプレゼンできる醍醐味は、相手の表情が見えることだ。できる限り会って伝えたいと思うけれど、この時はどうしても会うことができなかった。

企画書を託すかたちになったが、会えていたとしても、体裁は変わらない。

表紙から結論までの流れを意識しながら見てほしい。

恵比寿から発信の在り方を変える

コピーライター

阿部広太郎

1

そもそも、堀さんは今、

何を世の中に伝えようとしているのか？

2

その答えは明確でした。
「8bitnewsとは？」に書かれています。

ニュースを創るのは「あなた」だ。
僕らの民主主義をこの国に根付かせるために。

3

「民主主義」とは何でしょうか？
「民が主（あるじ）」と書くように、
一人ひとりが主体的になり、
受信力と発信力、両方を身に付けること。
成功のロールモデルが崩れた今、
一人ひとりが受発信を繰り返しながら、
正しい方へと進む力を付けられるように。

4

「情報受信」の時代

↓

「個人発信」の時代

この時代をつくるために、堀さんは、

さまざまな活動をされているのだと思います。

5

悔しいことに、

「市民記者・ジャーナリズム」という言葉は、

『熱心な人が取り組むもの・おっかない』という、

多くの人にとって

他人事なイメージをつくってしまいました。

6

堀さんが伝えたいことは、
世界のすべての人に関係のある、
もっと根本的なメッセージだと思います。

一生懸命説明すれば、
何かが変わっていくと信じています。

堀さんのこの言葉にあるように、
受け取ること、そして発信すること、
生きていく意味のようなメッセージ。

7

そう考えた時に、

真っ先に考えた、思いを込めた

イベントのタイトルは、これでした。

8

COMMON EBISU

伝える人になろう講座

発信することで世界は変わる。

9

サブコピーを変えて、

このような言い方もできるかもしれません。

10

COMMON EBISU

伝える人になろう講座

「知り方・書き方・伝え方」をあなたに。

11

他にも…

「ニュースクリエイター講座」

「個人発信ワークショップ」

「じぶん発信ワークショップ」

「世界を変える発信力講座」

など考えはしました。

12

しかしながら、いまこの時代に、

堀さんから発せられる

「伝える人になろう」という言葉こそが、

世の中にいちばん響くのではないか。

そうコピーライターとして思いました。

13

以上です。

すこしでも参考になれば嬉しいです。

お会いできることを楽しみにしております。

コピーライター　阿部広太郎

14

ページをめくる喜びを

「そういうことなんです！」

堀さんから連絡を頂いた時の嬉しさはたまらないものだった。こうして企画書を贈りながら仕事をしていると、生きてて良かったと思える時間がある。

一人として同じ人はいない。どれだけ違いがあったとしても、同じ思いでつながれることが何よりの幸せだと、僕は企画を通じて教えてもらった。

企画書の6ページ目にある「悔しいことに」というたった一言。

この言葉があることで、気持ちに寄り添ってくれていることがわかったと、堀さんに後日直接言ってもらえた。

あなたはこうですと押し付けるのではなく、相手のことをまず知ることからはじめてくれているから「そう、そうだ！」と頷きながら読むことができた、と。

ちなみに「伝える人になろう講座」は、2016年に恵比寿でスタート。大好評を博し、2年後には朝日新聞出版から「堀潤の伝える人になろう講座」として書籍化もされ、そして講座は今もなお続いている。

あなたはこの「紙芝居風」の企画書から何を感じただろうか？

表紙から最後のページまで、気をつけていることを補足させてほしい。

表紙のタイトルから心をつかみにいく

読み手はその先を読むためにページをめくるのだ。

それは間違いない。言ってしまえばタイトルはこれでもいい。

「堀潤さんの講座の名前について」

もちろん問題はない。問題はないが、色気がない。せっかくあなたが時間を掛けて書くのであれば、タイトルから心をつかみにいこう。

世の中の多くの企画書は、企画書のタイトルで何かを起こそうとは思っていない。

だからチャンスだ。他と同じことを書かないぞ、というスタンスで目立ちにいこう。
「お、これから何かがはじまるぞ」と気になってしまうものにしよう。
「恵比寿から発信の在り方を変える」
堀さんのこれまでの活動を調べる上で感じた志をタイトルにした。
訴え掛ける力が強いほどに心に残る。
企画書のタイトルは、企画を実現していく上で関係者の「合言葉」にもなり得る。
「よし、やろう!」と、背中をドンと押すタイトルを考えたい。
繰り返しになるが、人は長い言葉や文章は覚えられない。
短く強いタイトルを表紙に飾ろう。

1ページに一つの役割がある

50枚にしろ、5枚にしろ、もちろん1枚の企画書にしろ、1ページに一つの役割がある。あなたが読書する時のことを考えてみてほしい。

おもしろい本に、ページをめくる喜びがあるように。
めくるという行為には、ある一定の期待の負荷がかかる。
「次が読みたい」となるか、「もういいよ」となるか。
無理にページの枚数を増やす必要はない。
相手にストレスを与えてしまったら元も子もない。
企画書をつくる上で先輩に教えてもらった2つの言葉がある。
「ドレスを1枚ずつ脱いでいくように企画書を書く」
そこに、めくりたくて仕方がない刺激があることを理想にしたい。
「右脳と左脳を交互に刺激せよ」
表現で右脳を刺激し、データで左脳を刺激する。
右脳と左脳を交互に刺激することで、頭の中で心地よい理解をつくることができる。

好きなフォントを見つける

企画書をつくる上で、テンションの上がるフォントはないだろうか？

真面目な雰囲気を出したいなら明朝体《みんちょうたい》。

親しみやすい雰囲気を出したいならゴシック体。

そういった基本的な考えもありつつ、僕がおすすめしたいのはテンションの上がる好きなフォントを見つけることだ。

自分が何のフォントを使っているか。名前を言えないのはもったいない。意識すれば、もっと良くなっていく。

「この文字の姿形がたまらないんだよな」というフォントで書けば、気分も乗ってくるし、結果的にできあがる企画書が変わるはずだ。

ちなみに僕は、モリサワが開発した「A1明朝」が好きで愛用している。

愛用するフォントが増えていくと書くことそのものが楽しくなってくる。

もしもあなたが企画書づくりで迷うことがあったら、この通りに一度書いてみてほしい。ただ、機械的になぞるのではなく、その書類の中にあなたがいるようにしてほしい。心が入っていなければ、温度のないただの紙になってしまう。

手紙を書くように生きる。この姿勢で企画書をつくり続けていたら、自分らしさを発揮できる仕事がどんどん集まってくる。

いい企画書をつくる5つのステップ

連続講座「企画メシ」はゲスト講師から事前に課題を頂き、企画生は課題に対して企画書をつくり、ゲスト講師に講評をもらう。

丸5年間、運営する中で僕自身もすべての課題に取り組んできた。

すべての企画生の分も合わせると、向き合ってきた企画書は約2000になる。

第7章の最後に、おさらいの要素も含まれるが、企画書との格闘の中で培ってきた、いい企画書をつくるための5つのステップをここに紹介したい。

①企画する対象は「何者?」

最初に「企画する対象は何者なのか」を考え、言葉で捉えることからはじめよう。自分なりの「マイ定義」を持つ話に通じる。

たとえば、あるアイドルの宣伝キャンペーンを担当したとする。最初に考えるべきは、「その、アイドルは何者なのか?」ということだ。Wikipediaで調べよう、ということではない。誰でもわかることを言っても仕方がない。その奥にある、そのアイドル「だからこそ」の魅力は何か自分なりに掘り下げて、言葉で捉えたい。

企画というジャンプをするための足場を固めるイメージ。それをしないで考えはじめてしまうと結局、通り一遍の企画になってしまうし、そのアイドルが取り組む意味がなくなってしまう。

②調べまくる、足で稼ぐ

自分の頭の中だけで考えていても、なかなか企画の鉱脈にはたどりつかない。時間の許す限り、徹底的に調べ尽くす。そして大事にしているのは「足で稼ぐ」だ。

「どうやって情報収集してるのですか?」

講義の質疑応答で聞かれた時に、いつもアンテナの話をしている。

アンテナと聞くと、びっくりマークのようなピンとまっすぐに伸びたかたちをイメージする。けれど、たくさんの情報をキャッチできるアンテナのかたちって実は、クエスチョンマークなのではないだろうか。

企画の対象がアイドルであれば実際にライブを観に行って、ライブ途中のMCはどういう気持ちだったんだろう? と考えてみる。

企画の対象が新作スイーツであれば実際に食べてみて、今チーズが流行ってる理由ってなんだろう?　と考えてみる。

いちいち立ち止まって考えると生きづらくなる。

ただ、何かの発想の糸口は、みんなが当たり前のように素通りしていたものに、疑問を持つことによってつかめるのではないだろうか?

街を歩きながら、現場に居ながら、疑問を大切にする。

その上で、長所も短所も、意識して把握する。

すべてが完璧な存在なんてこの世に存在しない。良い所も悪い所もあるその波が「魅力」であり「らしさ」なのだ。

③「今」という時代を捉える

発掘した長所の中の、どの部分を押し出したら勝負できるのか。

スポットライトをどこに当てるべきなのか。

その見極めをするための手掛かりは「時代」にある。

時代を捉えるというのは非常に難しい。捉え方が必ず合っているとは限らない。

それでも、「私は今、時代をこう捉えています」と仮説を言語化する。

「だからこそ、このポイントは魅力的で、他と比べて勝負できます」

そう胸を張って伝えよう。

④誰の人生を救えるか？

時代を踏まえた上で、その魅力をどう届けていくのか。

ここで考えたい問いはこれだ。

「その魅力は、誰の人生を救えるのか？」

どんな人の力になれるのかを想像したい。届けるべき相手はどんな悩みを抱えていて、どんな状況に置かれていて、どんなことに関心があり、どんなことを嬉しいと思うのか。届ける相手の輪郭を明確にしていこう。

⑤大義名分のある企画を考える

その相手の心に伝わる企画やコピーを考えていく。

大義名分とは、行動の拠り所になる理由を指す。

「これはやるしかない！」と、思えてくるメッセージだ。

「心地よいこじつけ」を意識してみよう。

甘太郎の事例であれば、「なぜ甘太郎が、太郎と名前に付く人を割引にするのか？」と疑問が浮かんだ時に、「甘太郎は、太郎に甘い。」この大義名分となる1行のコピーがあることで「なるほど」となる。

いい企画には、本音と建前があるのだ。

どうすれば相手が納得感を持って受けいれてくれるのかを考えよう。


ピンク・レディーの「UFO」、和田アキ子の「あの鐘を鳴らすのはあなた」、フィンガー5の「学園天国」。人々の心に今も残るヒット曲をつくった作詞家の阿久悠さんはこんな言葉を残している。

「戦略と創作が一体になって時代の騒ぎになる」

あなたなりの企みを持って、その上で堂々とつくろう。

心に芽生えた感動を、時代の騒ぎになるくらいに広げていこう。

あなたはあなたになる

企画書で売り込んでいるものは何なのか?

結局、「自分」という存在なのではないだろうか。

あなたの書く企画書によって、あなたが必要とされればいい。

そしたらそこから関係がはじまる。

企画書に書いた企画がそのまま世に出ることなんてほぼありえない。

あくまでもスタートなのだ。企画書は、自ら問い、自ら答えを出した一つのかたち。

それを相手とさらに練り上げて、ゴールを目指していく。

今という時代は、あらゆるところで「誰かの答え」が語られている。

セミナーやトークイベントが毎週開かれているのは、「こんな風にやったら上手くいった」という答えをみんな知りたいからだ。

「他問他答」を聞きながら「自分ならどうするか？」をたぐり寄せてほしい。

なぜなら、今自分に起きている状況は、この世界で自分の目の前にしかないから。

本当に考えないといけないのは「自分の問い」「自分の答え」。

自問自答を繰り返すことで、あなたの言葉が濃くなっていく。

企画を考えて、企画書をつくることは、「自分」と向き合うことの連続だ。

だからこそ、自分が心の底から信じられる本当にいいと思う答え、つまりは企画があるなら、どんどんやるべきだし、つまずいたらまたそこで問うてみればいい。

企画することは、自分の人生を選ぶこと。

何者かになりたい、と人は口々に語りたがる。けれど、なれない。なる必要もない。
本当に納得できる人生を生きるためにも、自分で問い、自分の答えを言葉にしよう。
あなたはあなたになっていく。
そのことだけは忘れずにいてほしいと心から願う。

愛と熱のある、
企画書をつくろう。
自分になるために。

あとがき

才能とは、掛けた時間である

今のあなたへ

「君は向いてないかもね」

そう言われたあの時、諦めなくて本当に、本当に良かった。

新入社員の頃。人事の仕事をしていた僕は、どうしてもコピーライターになりたくて、約4か月後に迫る社内の異動制度「クリエーティブ試験」に向けて、猛勉強をしていた。

どうしてもなりたい。その気持ちを大先輩のクリエーティブディレクターに打ち明けた。すると、コピーの課題を出してもらい、ランチの時間に講評してもらうという特別レッスンを受けられることになった。

毎回ダメ出しが続く。試験まで残り1か月くらいだったと思う。

帰り道に言われた「向いてないかもね」という宣告。

わかりやすくへこんだ。ここまで面倒を見てくれた人の言葉は重かった。

でも、でも。

考えれば考えるほど、言葉と向き合う仕事に惹かれる気持ちは強まるばかりだった。ものは言いようだ。

たやすく叶う夢を追い掛けてもつまらないじゃないか、自分に言い聞かせた。

自分の可能性を決めるのは、他人じゃなくて自分だ、そうとも思った。

自分なりの勝算をもって試験に臨んだ。

試験では、お題に対して、「コピーを10本以上書きなさい」という問題が出ることはわかっていた。「以上」という2文字。10本以上なら、何本書いてもいい。

出題者が「君のやる気もちゃんと見るよ」と語り掛けてくれているはずだと祈った。

この会場にいる誰よりも書けば目立てる。見つけてもらえるはずだ。

なんとか筆記試験を突破して、面接へ。

試験に合格した先輩のコラムも読み、アドバイスを求めて話を聞きに行った。

目の前の大きな壁を、なんとしても次に向かう扉にしたかった。

「最後に一ついいですか」。そろそろ面接も終わるという時に僕は言った。

「僕に一度だけでいいです。広告をつくらせてください。3年でダメだったら出してもらって構いません」

面接にもコピーを持ち込もう、それは先輩の受け売りだった。

3年という覚悟はコピーになる。相手は同じ会社の人間。

そこまで言うならと、目の前の若者を落としづらくなると考えた。

実際、3年という期間で何ができるかわからない、未来の自分に懸けた。

無事に試験を通過したが、異動してからが大変だった。結果の出ない日々が続く。

宣伝会議賞への応募本数を見てもらうとわかると思う。

1年に一度。プロもアマも関係なく、広告コピーで勝負できるコンテストだ。

ここに記したのは、受賞するまでの本数の経緯。

新入社員　人事時代　2008年　応募数25本

↓一次通過0本

コピーライター1年目　2009年　応募数200本

↓一次通過3本

コピーライター2年目　2010年　応募数約1800本

↓一次通過37本、二次通過1本

コピーライター3年目　2011年　応募数2223本

↓一次通過44本、二次通過4本、最終ノミネート1本、**協賛企業賞1本**

コピーライター1年目、精一杯の200本を出して、一次通過はたった3本。
コピーライター2年目、がむしゃらの1800本でも届かない。現実は甘くない。
厳しくて、大変で、夢中だった。寝食を忘れて打ち込んだ。

もうあの頃には戻りたくないけど、手応えを見つけていく時間は喜びに満ちていた。質は、量からしか生まれない。

ただそれは、マシーンのようにひたすら本数を書こう、と言いたいわけでは断じてない。「1000本ノック」という言葉もあるが、強制されて本数が目的になる練習はただただ虚しい。おもしろがりながら、ああでもない、こうでもないと、光の当て方を探した量は、きっと質に反映されていくと思うのだ。

約束の3年後。

こんな書き手がいます、見つけてください、と祈るように送った段ボール1箱と小包一つ。その結果が2223本だった。宣伝会議賞の協賛企業賞を受賞し、そして、コピーライターの登竜門である、東京コピーライターズクラブの新人賞も受賞する。試験の時にお世話になったクリエーティブディレクターに報告に行った。

「人ってわからないね」

本当にそうですね、と二人で笑った。

「今のあなたなら」と出題する理由

「自分には才能がないから厳しいと思うんです」

そう言って諦めようとする人を見ると悔しくなる。そんなことはない。

才能があるか、ないか。それは「これまで」を見た時に出てくる言葉だろう。

でも、「これから」は、どうだろう?

「I LOVE YOUの訳し方」の話をする時に、必ず、「『今のあなたなら』何と訳しますか?」と聞くようにしている。たとえ今、うまく書けなかったとしても、これからの意識次第で、どこまでも変わっていけるからだ。

あなたは今、この文章を読んでくれている。本を手に取ってくれた理由は千差万別。

人それぞれあるだろう。ただ、これだけ何かを発信するのが当たり前になった時代において、言葉をどう書けばいいのか不安もあるのだと思う。

言わせてもらいたい。絶対大丈夫だ。

絶対とか軽々しく言っちゃ駄目だけど、絶対大丈夫。

才能とは、掛けた時間だ。
言葉にもしも才能が必要だとするなら、
これから生きていく限り時間を掛けて育てていけばいい。

未来なんて、誰にもわからない。

だからこそ、言葉を選ぶことで、どう生きるかを選べる。

書く先に人は進める。


今、心の内にある気持ちをどんな風に言葉にしていけばいいか、あれこれ悩むこともあるだろう。でも、「悩んでいること」に悩まないでほしい。

悩む時間こそ、貴重だ。それは、社会と自分、もしくは相手と自分の重なる気持ちを模索する機会であり、どうすれば伝わるかを探求する時間でもある。

自分なりの考えを持って、諦めることなく言葉と向き合う。

そこにあるのは、葛藤という名の財産。

悩んだ結果、あなたから出てくる言葉は選ばれた言葉だ。

この本が完成する時、それは

僕はSNSがある時代に生まれて良かったと思っている。

自分の思いを言葉にして発信し続ければ、「私もそう思ってた！」と見つけてくれる人がきっと現れる。小さな発信でもいい。言葉を企画して伝えてみよう。

そして、それを根気強く続けていくことがとても大切だ。

バトンはつながっていく。この本だってそうだ。

2015年から、コピーライター養成講座の「先輩コース」で講師を担当し、連続講座「企画でメシを食っていく」を自ら立ち上げた。4年目の2018年、ウェブメディア「キャリアハック」にて、野村愛さんと田中嘉人さんが僕の講義を記事にしてくれて、noteの平野太一さんがつないでくれて、ダイヤモンド社の編集者の亀井史夫さんが見つけてくれて、企画生のみんなとゲスト講師の皆さんと過ごした時間を僕が書き上げ、寄藤文平さんが本の装丁をしてくださり、水野良樹さんが言葉を贈ってくださって、そして今、あなたがこうして読んでくれている。

一人じゃないと思える。僕は、心がつながる瞬間が最高に嬉しい。

心をつかむとは、愛と書かずに愛を伝えること。

あなたの心に愛が伝わっていることを信じて。

さあ、バトンを次につなげよう。
あなたの中で活かされてこの本は完成する。
ここに書いてきた言葉術を超えていってほしい。
その願いを込めて「超言葉術」というタイトルを掲げている。

あなたの言葉を読ませてほしい。
「I LOVE YOU」をどう訳したかでもいい。
もしもこの本に感動したことがあれば、1行でもいい、書いてほしい。
僕が受け取る。ちゃんとキャッチする。
SNSで伝えてくれたら僕は読む。大喜びで読む。
Twitter で知らせてくれたら見逃さない。

本を閉じたらはじまる。
あなたの言葉であなたの心をつかもう。そして、
あなたの言葉で大切な人の心をつかみにいこう。

2020年3月　阿部広太郎

阿部広太郎　あべ・こうたろう

1986年3月7日生まれ。埼玉県出身。中学3年生からアメリカンフットボールをはじめ、高校・大学と計8年間続ける。慶應義塾大学経済学部卒業後の2008年、電通入社。人事局に配属されるも、クリエーティブ試験を突破し、入社2年目からコピーライターとして活動を開始。「今でしょ!」が話題になった東進ハイスクールのCM「生徒への檄文」篇の制作に携わる。その他にも、尾崎世界観率いるクリープハイプがフリーマガジン「R25」とコラボしてつくったテーマソング「二十九、三十」の企画。松居大悟監督による映画「アイスと雨音」、「君が君で君だ」のプロデュース。ソーシャルエンターテインメントの「ダイアログ」シリーズのクリエーティブディレクション。作詞家として「向井太一」や「さくらしめじ」に詞を提供。自らの仕事を「言葉の企画」と定義し、映画、テレビ、音楽、イベントなど、エンタメ領域からソーシャル領域まで越境しながら取り組んでいる。

2015年より、BUKATSUDO講座「企画でメシを食っていく」を主宰。

著書に『待っていても、はじまらない。―潔く前に進め』(弘文堂)。Twitter：@KotaroA

コピーライターじゃなくても知っておきたい
心をつかむ超言葉術

2020年3月4日　第1刷発行
2021年11月11日　第4刷発行

著　者　阿部広太郎

発行所　ダイヤモンド社
〒150-8409
東京都渋谷区神宮前6-12-17
https://www.diamond.co.jp/
電話　03-5778-7233(編集)
03-5778-7240(販売)

装　丁　寄藤文平+古屋郁美(文平銀座)
DTP・図版作成　スタンドオフ
校　正　鷗来堂
製作進行　ダイヤモンド・グラフィック社
印　刷　三松堂
製　本　ブックアート
編集担当　亀井史夫

ISBN 978-4-478-11014-0